Das Gewerbe der Oberpfalz

Freie wissenschaftliche Arbeit
zur Erlangung des akademischen Grades eines
Diplom-Kaufmannes

Eingereicht in Nürnberg, den 14. Juli 1930

Bibliografische Information der Deutschen Nationalbibliothek. Die Deutsche Nationalbibliothek verzeichnet diese Publikation in der Deutschen Nationalbibliografie; detaillierte bibliografische Daten sind im Internet über http://dnb.d-nb.de abrufbar

© 2016 Hanns Edelmann

Fotos
© Fotolia stockWerk
© Fotolia sehbaer_nrw

Herstellung und Verlag
BoD - Books on Demand, Norderstedt

ISBN 9783739228372

Inhaltsverzeichnis

A. Einleitung
Kurzer geschichtlicher Überblick

B. Hauptteil
1. Abschnitt
Die natürlichen Grundlagen des Gewerbes
1. Die Grenzen der Oberpfalz
2. Der geologische Aufbau
3. Die Größe und die Aufteilung
4. Klima, Vegetation und Bodenverhältnisse
5. Die Bewässerung
6. Die für das Gewerbe wesentlichen Bodenschätze
7. Die Bevölkerung

2. Abschnitt
I. Das Gewerbe der Oberpfalz im Allgemeinen
1. Die geschichtliche Entwicklung des Gewerbes
2. Die örtliche Verteilung des Gewerbes
3. Der Anteil der Bevölkerung am Gewerbe
4. Zahl und Größe der Betriebe
5. Den Betrieben zur Verfügung stehende elektrische Kraftquellen

II. Die einzelnen Gewerbegruppen

1. Das Gewerbe der Steine und Erden
   - a) Die Steinindustrie
   - b) Das Kalk- und Zementgewerbe
   - c) Das Tongewerbe
   - d) Das Porzellangewerbe
   - e) Das Glasgewerbe
2. Das Baugewerbe und Baunebengewerbe
3. Das Gewerbe der Eisen- und Metallwaren
4. Maschinen, Apparate und Fahrzeugbau
5. Das Holzgewerbe
6. Das Papier- und Vervielfältigungsgewerbe
7. Das Nahrungs- und Genussmittelgewerbe
8. Das Textil- und Bekleidungsgewerbe
   - a) Das Textilgewerbe
   - b) Das Bekleidungsgewerbe
9. Das chemische Gewerbe
10. Das Ledergewerbe
11. Elektrotechnik, Feinmechanik, Optik
12. Sonstiges Gewerbe

C. Schlussbetrachtungen

Literaturangabe

Josef Velhorn: Die Entwicklung der Porzellanindustrie der Nordoberpfalz. Erlanger Dissertation 1925.

Dr. Karl Kreiner: Wirtschaftsleben im bayerischen-böhmischen Waldgebiet.

Albert Winter: Die Oberpfalz, ein Beitrag zur Heimatkunde.

Rasel Eduard: Die oberpfälzische Kaolinindustrie. Erlanger Dissertation 1909.

Ernst von Seydlitschze Geografie, Hundertjahr-Ausgabe „Deutschland"

Statistische Jahrbücher von Bayern.

Volkszählung in Bayern 1925: Herausgegeben vom Bayerischen Statistischen Landesamt.

Bavaria, Landes- und Volkskunde des Königreiches Bayern.

Dr. Dr. Heinrich Bingold: Industrie und Handel der Oberpfalz.

Die nutzbaren Mineralien, Gesteine und Erden Bayerns, herausgegeben vom bayerischen Oberbergamt Band 1.

Das Bayernland.

Mitteilungen der bayerischen Landesgewerbeanstalt Nürnberg: Das Handwerk der Oberpfalz, ein Beitrag zur bayerischen Handwerkstatistik von Prof. Dr. Dr. Ritter von Ebert.

„Die Oberpfalz" Monatsschrift für Geschichte, Volks- und Hcimatkunde.

Kurzer geschichtlicher Überblick

Die Oberpfalz, die Ostmark Bayerns, ist ein Land, das auf eine jahrtausendalte geschichtliche Vergangenheit zurückblicken kann. Zahlreiche Eindrücke werden uns aus der Zeit der Römer übermittelt, zahlreiche Spuren der Gegenwart derselben sind zu finden, und dies hauptsächlich im südlicheren Teil des Landes. Jeder Zoll des Landes, heißt es in einem Aufsatze in „Die Oberpfalz", ist eine Erinnerung an die Tage der Römer. Dies gilt vor allem für Regensburg, die alte Römerstadt, und von der Gegend um die Donau, so dass dieses Gebiet als „der wahrhaft klassische Boden Deutschlands" bezeichnet werden kann. Bis ins 3. Jahrhundert vor Christus reichen die Ansiedlungen zurück. Später im 6. Jahrhundert war die Hauptstadt unseres Kreises, Regensburg, auch die Hauptstadt der Bajuwaren und noch später der Sitz der Stammesherzöge der Agilolfinger.

Zahlreiche Kriegsstürme brausten über das Land hin, vernichteten immer wieder die blühenden Fluren, mit ihnen sanken ganze Geschlechter dahin. Man erinnere sich nur der Abwehrkämpfe in der Hohenstauferzeit gegen das Slawentum, für das die Oberpfalz die Einfallspforte nach Deutschland bildete. Man gedenke der vielen religiösen Streite, wie der Hussitenkriege, des 30-jährigen Krieges und des spanischen Erbfolgekrieges, für die das Oberpfälzer Land den Schauplatz bildete. Man gedenke ferner der napoleonischen Sturmperiode. Außer den Kriegsnöten hatte die oberpfälzische Bevölkerung unter oftmaligem Glaubenswechsel zu leiden. Nur kurz soll dies alles hier Erwähnung finden, um uns die Eindrücke zu vermitteln, die bei einer Betrachtung der Oberpfalz in wirtschaftlicher Beziehung den geschichtlichen Hintergrund bilden.

Nach diesen einleitenden Gedanken möge nun zum Hauptteil selber geschritten werden, den wir mit den Grundlagen des Gewerbes beginnen.

Die natürlichen Grundlagen des Gewerbes

1. Die Grenzen der Oberpfalz

In der „Bavaria" findet sich folgende geografische Beschreibung desjenigen Teiles von Bayern, der hier der Behandlung unterliegt:

„Der Kreis Oberpfalz grenzt gegen Osten an Böhmen, wobei der Bergzug des Böhmerwaldes von Tirschenreuth bis zum Chamb einen Grenzwall bildet. Doch folgt die politische Grenzlinie nicht genau der Wasserscheide des Gebirges. Jenseits des Chamb springt die Grenze des Kreises südwestwärts, quer durch das Flussgebiet des Regen und über den Höhenzug des Bayerischen Waldes zur Donau so dass also Niederbayern als das im Südosten angrenzende Land erscheint. Die südliche Basis von der Oberpfalz wird im Großen und Ganzen durch das Donautal zwischen Straubing und Neustadt an der Donau bezeichnet. Doch ist der Fluss nicht selber Grenzlinie, sondern es greift niederbayerisches Gebiet bei Kehlheim auf das linke Ufer über, während sich bei dem Regensburger Becken die Grenze in weitgeschwungenem Halbkreis auf die rechte Stromseite zieht. Im Westen grenzt die Oberpfalz an Oberbayern sowie Mittel- und Unterfranken. Die schmale Nordseite des Kreises grenzt im Fichtelgebirge gleichfalls an oberfränkisches Gebiet."

Im geografischen Gesamtbilde erscheint die Oberpfalz als ein vom Böhmerwalde sowie den Ausläufern des Bayerischen Waldes, des Frankenjuras und des Fichtelgebirges, umschlossenes Stück Land.

2. Der geologische Aufbau

In geologischer Hinsicht ist im Osten zunächst ein Zusammenhang mit Böhmen zu beobachten. Der Böhmerwald ist eine gewaltige altkristalline Masse aus Granit und Gneis, ein altes Faltengebirge, das der Verwitterung und Abtragung zum Opfer gefallen ist also ein altes Rumpfgebirge. Als natürliches Gestein reicht es von der oberpfälzischen Senke, die das Vorland darstellt, bis tief nach Böhmen hinein. Der Bayerische Wald bildet einen Teil dieses Gebirges, von dem nur der nördliche Teil, der sogenannte Oberpfälzer Wald, zur Oberpfalz gehört. Er endet im Norden mit dem wasserreichen Tertiärbecken der Wondreb-Senke. Westlich der Naab setzt sich der Oberpfälzer Wald bis nach Amberg in mächtigen Granitblöcken fort und wird von der Naab durchbrochen. Bei Neustadt an der Waldnaab bildet die Naab die Westgrenze. Das Gebirge ist von ähnlichem Bau wie der Bayerische Wald, ist also zum größten Teil aus Gneis und Granit gebildet. Selbst dort, wo die kristallinen Gesteine durch die Konglomerate und Schiefer des Rotliegenden verdrängt werden, findet man überall die typische flachkuppelige Formenbildung.

Das Fichtelgebirge weist denselben Aufbau auf. Der Nordzug der Fränkischen Alb, als Fortsetzung des Donauzuges, setzt sich aus dem Weißen und Braunen Jura zusammen. Die Tone und Mergel des mittleren und oberen Braunen Jura, wie die des Weißen, schrumpfen jedoch im Gegensatz zur übrigen Alb zusammen und machen einer breiten Schicht Eisensandstein Platz. Der östliche Teil ist mit den Ablagerungen eines Kreidemeeres bedeckt, in Form grobkörniger zum Teil eisenhaltiger Sandsteine. Die bis zum Westrand reichende tonig-sandige oberste Schicht ist zum überwiegenden Teil ebenfalls als ein Witterungsrückstand vom Kreidegestein aufzufassen. Zwischen dem Jura einerseits und den Ausläufern des Oberpfälzer Waldes andererseits breitet sich die Oberpfälzer Senke aus, die in ihrer geologischen Zusammensetzung vorherrschend aus Trias- und Liasgestein besteht. Es stellt dem inneren Bau nach ein Brauch-Staffelland dar. Die Oberfläche erscheint jedoch gegenüber dem stark gehobenen Kristallinen- und Schiefergebirge im Osten wie gegenüber dem tektonisch tieferliegenden aber widerstandsfähigerem Juragestein als Senke.

3. Die Größe und die Aufteilung

Dieses zum größten Teil gut umrandete Gebiet, das als Kreis Oberpfalz bezeichnet wird, hat einen Flächeninhalt von 9.657,5 Quadratkilometern und wird eingeteilt in 5 kreisunmittelbare Städte und 20 Bezirksämter mit einer Gesamtbevölkerung von 629.262 Personen.

Nach seinen natürlichen Abgrenzungen kann man die Oberpfalz einteilen in
1. Das Gebiet südlich der Donau
2. Das Bayerische Waldgebiet
3. Das Böhmerwaldgebiet
4. Das Schwarzachbergland
5. Das Naabbergland
6. Das Fichtelgebirgsgebiet
7. Das Juragebiet, bei dem man nach den Flüssen unterscheiden kann
   a) den Pegnitzjura
   b) den Vilsjura
   c) den Laaberjura und den Altmühljura
8. Das Sandsteingebiet

4. Klima, Vegetation und Bodenverhältnisse

Im Bezug auf Klima, Vegetation und Bodenverhältnisse ist die Oberpfalz teilweise stiefmütterlich behandelt worden. So sind die Böden des Bayerischen-Böhmischen Waldes meist sauer und moorig, da die Niederschläge beträchtlich sind. Selbst Bäche und Hochseen zeigen die durchsichtig braune Färbung des Moorwassers. Es wirkt sich dies natürlich auf die Pflanzendecke aus. Diese besteht aus einer Wald- und Moorflora. In erster Linie ist es die Fichte, die den Bayerischen Wald beherrscht. In tieferen Lagen finden sich auch Tannen und Buchen. Dieses Bild des gesamten Bayerischen-Böhmischen Waldes finden wir, wenn auch mit etwas größeren Lücken durchsetzt, im Oberpfälzer Wald wieder. Die Bewaldungsziffer beträgt ca. 39%.

Auch das Fichtelgebirge hat ähnlichen Charakter. Das Klima ist ausgesprochen rau und das Waldgebiet ist außerordentlich schneereich. Am wenigsten vorteilhaft sind die Verhältnisse im Jura, in welchem das Kalkgestein vorherrschend ist, mit Karsterscheinungen aller Art. Das Juragebiet ist deshalb das ärmste Gebiet der ganzen Oberpfalz. Die außerordentliche Wasserarmut trägt dazu sehr viel bei.

Auf den Höhen verschwindet das Regenwasser infolge der Durchlässigkeit des Bodens vollkommen - selbst nach den stärksten Niederschlägen. Auch in den Tälern fehlen größere Flüsse und Weiherbildungen. Der Boden ist ungewöhnlich seichtgrundig, die Ackerkrume dünn. Die steilen Hänge eignen sich nicht einmal zur Aufforstung und bilden ausgedehnte Ödungen. Nur die Hochfläche weist Waldungen auf. Die Jurabevölkerung lebt hauptsächlich von Land- und Forstwirtschaft. Auch die Oberpfälzer Senke ändert nicht viel an diesen für den Anbau ungünstigen Verhältnissen. Das flache, wenig ausdrucksvolle Hügelland hat viel Landboden und ist von dürftigem Föhrenwald durchsetzt. Stellenweise jedoch nimmt das Land vor allem im Norden einen geradezu lieblichen Charakter an. Überaus charaktervoll sind einige Tertiärvulkane, so der Rauhe Kulm bei Kemnath, der mit seiner nach oben zugespitzten Kegelgestalt die Landschaft weit und breit beherrscht. Nur in der Donauebene und in den Ausläufern des Hügelrückens findet sich fruchtbarer Löß-Lehm und ist daher für den Anbau geeignet.

Diese Aufteilung der einzelnen Bodenbeschaffenheiten und klimatischen Verhältnisse zeigt in einem Gesamtbild zusammengefasst, dass die Oberpfalz für die Landwirtschaft ein ziemlich undankbares Land ist.

Natürliche Nährstoffe sind nur in äußerst geringem Maße vorhanden, so dass sich eine Nachhilfe mit künstlichen Düngemitteln für notwendig erwies. Als Ganzes gesehen hat die Oberpfalz eine raue Witterung mit ausgesprochenem Übergang zum Kontinentalklima. Wenn auch die Oberpfalz für den Anbau zum größten Teil ungünstig ist, so zeichnet sie sich durch ihren ungeheuren Waldreichtum aus. Nach Oberbayern ist sie in ganz Bayern das waldreichste Gebiet mit 358.264 Hektar Gesamtfläche.

5. Die Bewässerung

Die Bewässerungsverhältnisse der Oberpfalz gelten als gut mit Ausnahme des Juragebietes, bei dem sie, wie schon Eingangs erwähnt, infolge der Wasserdurchlässigkeit des Bodens, sehr viel zu wünschen übrig lassen. Als Wasserstraße kommt nur die Donau in Betracht, der ja auch Regensburg im Mittelalter seinen Aufschwung zu verdanken hatte. Die Bewässerung der Oberpfalz erfolgt sonst zum überwiegenden Teil durch die Naab und ihre Nebenflüsse, so der Fichtelnaab und Heidenaab, der Floss, der Pfreimd, der Schwarzach, die die Rötzsch, die Ascha und die Murach aufnimmt, die besonders für die Mühlen und Glasschleifen von Bedeutung wurden. An weiteren Flüssen sind zu nennen die Vils und die Lauterach und die, in die Donau mündenden Flüsse, Regen, Schwarze Laber und Altmühl, die durch Überschwemmungen den anliegenden Wiesen fruchtbares Erdreich zuführt. Im Tirschenreuther Gebiet wird der Wasserreichtum erhöht durch die künstlichen Anlagen zahlreicher Weiher, von denen die meisten wohl als produktive klösterliche Kulturarbeit aus Jahrhunderten vor der Säkularisierung als Erbschaft auf uns überkommen sind.

6. Die für das Gewerbe wesentlichen Bodenschätze

Doch was die Natur der Oberpfalz in landwirtschaftlicher Beziehung versagte, hat sie ihr in desto überreicherem Maße an Bodenschätzen in den Schoß gelegt, die zum großen Teil nutzbare Verwertung finden. Auf diesem außerordentlich reichen Vorkommen an Mineralien beruht auch die

Oberpfälzische Industrie. Nach Ortelius birgt der oberpfälzische Boden nicht weniger als 127 verschiedene Mineralsorten. Auf diesen Umstand ist wohl auch die Bezeichnung „Steinpfalz" zurückzuführen. Alle diese Gesteine in diesem Rahmen aufzuführen, würde zu weit führen. Es sollen nur die für das Gewerbe wesentlichen Mineralvorkommen erwähnt werden. Im vorhinein sei jedoch bemerkt, dass bei den nachstehend aufgeführten wichtigsten Vorkommen, Eisen, Kohle, Kalk und Kaolin nicht nur die aufgeführten Fundstätten in Frage kommen, diese sind vielmehr über die ganze Oberpfalz ausgebreitet, können aber nicht überall voll wirtschaftlich genutzt werden. Bei weiterem Fortschreiten der Technik kann dem Wirtschaftsleben der Oberpfalz in Zukunft ein weiteres Aufblühen vorausgesagt werden, sobald diese unzähligen Bodenschätze der Industrie weiterhin nutzbar gemacht werden können.

Der Zug der Eisenerze beginnt bei Amberg, zieht sich von Heidweiher nach Krumbach und geht über Sulzbach, Vilseck, Auerbach, Sassenreuth, Neukirchen, Pegnitz bis Kirchenthumbach. Auch bei Bodenwöhr und am Keilberg finden sich brauchbare Eisenerze. Ebenso haben die Eisenvorkommen bei Arzberg, Thiersheim und Waltershof gute Erzbrüche gezeigt. Diese Vorkommen haben natürlich seit Wegnahme des Minette-Bezirkes erhöhte Bedeutung gewonnen, zumal sie fast die einzigen in Bayern bilden. Den reichen Eisenerzvorkommen stehen diejenigen an Braunkohle nicht nach. Man kann hier drei größere Braunkohlebecken unterscheiden:
Jenes, das sich als Verlagerung des Egererbeckens am Rande des Fichtelgebirges hinstreckt. Ein weiteres ausgedehntes Vorkommen erstreckt sich von Amberg her in die Bodenwöhrer Bucht, über Schmidgaden, Schwarzenfeld, Wackersdorf bis Klardorf.
Das dritte Becken endlich liegt in der Umgebung von Regensburg, bei Prüfening, Kumpfmühl, Eichhofen, Viehause und Kapfelberg, die zu den

nördlich von Regensburg im Schwaighauser Forst liegenden Vorkommen überleiten.

Neben diesen zahlreichen Vorkommen an Braunkohle treten diejenigen von Torf weniger in Erscheinung, wenn auch die zahlreichen Hochmoore Torf in großen Mengen liefern könnten. Nutzbar wird er vor allem in der Naab-Wondreb-Ebene, bei Waldsassen, Tirschenreuth, Mährung, Bärnau und Mitterteich gemacht. Ferner längs der Heide- und Schweinenaab, dann zwischen Vilseck und Auerbach und Kirchenthumbach ist das Torfvorkommen von Bedeutung.

Wie der Westen der Oberpfalz sich besonders dem Eisen, der mittlere und südlichere Teil der Kohle günstig erweist, so tut es der Norden bei den Vorkommen an Basalt, der in zahlreichen Kuppen auftritt und sich über Kemnath, Waldeck, Waldershof, Konnersreuth, Waldsassen und Mitterteich erstreckt.

An weiteren Gesteinsarten, die sich für Bauzwecke oder Straßenschotterung eignen, treten auf: Gneis und Granit fast in der ganzen Oberpfalz, besonders verwertbar aber bei Hirschau, Nabburg, Nittenau und Regenstauf. Bei Reuth und Floss treten dunkelfarbige Syenite auf. Von dem sonst überall sich findenden Quarzgestein ist wohl der über 140 Kilometer lange „Pfahl" am bekanntesten. Als Baustein findet der Sandstein von Pressath und Eschenbach gute Verwendung. Kalkstein liefert das Juragebiet.

Als für die Industrie wichtige Rohstoffquellen sind zu nennen:
Ziegellehm südlich der Donau in den jüngeren Anschwemmungen, im Regen- und Naabtale, in den Tertiär- und Diluviumablagerungen, so bei Burglengenfeld, Schwandorf, Bodenwöhr, Wiesau, Mitterteich, dann bei Beratzhausen, Hemau, Parsberg, Ettertshausen, Kallmünz, Dietfurt, Riedenburg. Ferner bei Amberg, Kirchenthumbach und in einigen Lagen des Lias.

Feuerfeste Tone sind in der Oberpfalz bei Tirschenreuth, Waltershof, Mitterteich, ferner in der Hirschauer und Bodenwöhrer Bucht, so bei Ehrenfeld, Schwarzenfeld, Stulln und Schwandorf zu finden. Kaolin und Porzellanerde findet sich bei Weiherhammer, Röttenbach, Steinfels, Freihung, Schnaittenbach, Hirschau, Keilberg, Brand, Wondreb, Mitterteich, Tirschenreuth und Schönheid.
In zahlreichen Gruben bei Sulzbach, Neukirchen, Haag, Kummersbruck und Froschenreuth wird Farberde gewonnen. Schwert- und Flußspatvorkommen sind bei Bach, Donaustauf, Nabburg und bei Erbendorf. Das für die Porzellanindustrie wichtige Pegmatit findet sich in der Steinfelser Gegend in mächtigen Lagern. Auch Phosphorit wird in der Oberpfalz gefunden, insbesondere im Erzberge bei Amberg und bei Fuchsmühl.

7. Die Bevölkerung

Um ein Gesamtbild eines Landes in sich aufnehmen zu können, ist es nötig, dass man neben dem Land auch die Leute kennenlernt. Die Bewohner der Oberpfalz sind ein ganz eigentümlicher Stamm. Man kann sie weder als Bajuwaren, noch als Franken, noch als Slawen bezeichnen. Sie bilden einen eigenen Stamm, eigentlich einen fremden Körper zwischen seinen Nachbarn. Am Grenzland ist die Bevölkerung natürlich sehr gemischt. Nach den statistischen Aufzeichnungen des Jahres 1925 sind von den 629.262 Einwohnern 628.665 mit deutscher Muttersprache und 697 mit nicht-deutscher Muttersprache, von denen 573 des Deutschen unkundig sind. Den Hauptbestandteil dieser nicht-deutschen Bevölkerung bilden Tschechen, Polen und Ungarn. Wie sich die Bevölkerung über das ganze Land und die einzelnen Bezirke verteilt, möge anliegende Skizze (S. 17) zeigen. Von größerer Dichtigkeit erweisen sich nur einige besondere Industriebezirke. Im Durchschnitt treffen in der Gesamtoberpfalz auf einen Quadratkilometer 51,8 Bewohner.
Gemäß den Bodenverhältnissen ist natürlich die Oberpfalz nicht in der Lage ihre Bevölkerung zu ernähren. Die Folge davon war eine Abwande-

rung, vor allem in die großen Industriezentren von Mittelfranken. Nur die Städte haben einen Wanderungsgewinn zu verzeichnen. Nachfolgende Aufstellung erstreckt sich über eine Zeitspanne von 15 Jahren (1910 – 1925) und veranschaulicht die Bewegung in diesem Zeitraum.

Wanderungsgewinn oder -verlust (-)
Kreisunmittelbare Städte

Amberg	- 452
Neumarkt	1.113
Regensburg	4.069
Schwandorf	171
Weiden	1.013
zusammen	5.914

Bezirksämter

Amberg	- 1.788
Beilngries	- 1.149
Burglengenfeld	277
Cham	- 3.850
Eschenbach	- 2.448
Kemnath	- 2.311
Nabburg	- 1.419
Neumarkt	- 1.193
Neunburg	- 1.566
Neustadt	- 2.215
Oberviechtach	- 2.358
Parsberg	- 2.106
Regensburg	- 3.145
Riedenburg	- 2.003
Roding	- 1.491
Stadtamhof	- 1.946
Sulzbach	- 1.145
Tirschenreuth	- 3.011
Vohenstrauss	- 3.703

Waldmünchen	- 2.536
zusammen	- 35.192

Der durchschnittliche Wanderungsverlust beträgt 2.448. Wie sehr die Industrialisierung der Oberpfalz fortschreitet, ist an Hand folgender Aufstellung über die Wanderungsverhältnisse zu ersehen. Der durchschnittliche Wanderungsverlust betrug in den Jahren

1896 – 1900	- 5.171
1901 – 1905	- 3.022
1906 – 1910	- 2.746
1911 – 1925	- 2.448

Es ist daraus deutlich ersichtlich, dass die Wanderungsverluste ständig abnehmen, woraus zu entnehmen ist, dass die Oberpfalz ihre Bevölkerung in steigendem Maße zu ernähren vermag, so dass die Bewohner nicht mehr so sehr darauf angewiesen sind, sich einen Erwerb in anderen Bezirken zu suchen. Über die Bevölkerung und ihre Beziehung zum Gewerbe wird weiter unten berichtet.

Nachdem nun die Einleitung einen kurzen Überblick über die Geschichte der Oberpfalz bietet und nachdem die ganzen geografisch-geologischen Verhältnisse, das Klima im Zusammenhang mit der Vegetation und der Bewässerung der Oberpfalz, sowie deren Bevölkerung, als der ganzen Wirtschaft eingehend dargelegt wurden, das natürliche Fundament gelegt wurde, ohne das eine Wirtschaft nicht denkbar ist, soll nun das betrachtet werden, das das Thema ausdrückt, das Gewerbe.

Verteilung der Bevölkerung.

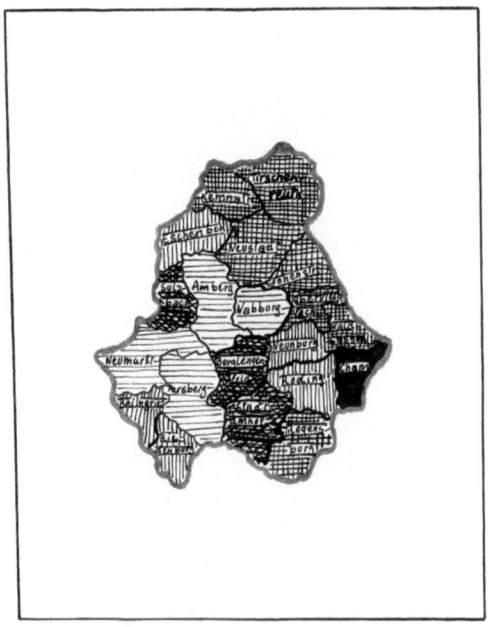

Auf 1qkm treffen Einwohner:

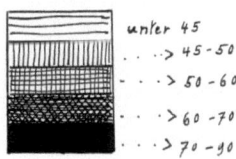

unter 45
...> 45-50
...> 50-60
...> 60-70
...> 70-90

I. Das Gewerbe der Oberpfalz im Allgemeinen
1. Die geschichtliche Entwicklung des Gewerbes

Das eben geschilderte Stück Land, auf das die meisten mit einer gewissen Geringschätzigkeit herabblicken, es als Abseiter bezeichnen, als wirtschaftlich wertlos, galt im 14. Jahrhundert als eine der reichsten Provinzen des Deutschen Reiches. Der Grund ist in dem Vorkommen an Erzen zu suchen, dessen Ergiebigkeit seit jeher die Aufmerksamkeit der bayerischen Herrscher auf sich zog. So sehen wir denn auch zu jener Zeit das Berg- und Hammerwesen einen ungeahnten Aufschwung nehmen, das der Oberpfalz, zusammen mit anderen Gewerbezweigen, von denen die Tuch- und Zeugmacherei alle anderen an Mächtigkeit überragte, den Namen als reichste Provinz eintrug, obwohl die Industrie von Hemmungen, hervorgerufen durch die fortwährenden Kriege, die ja gerade die Oberpfalz als Schauplatz bevorzugten, keineswegs verschont blieb.

Mit fortschreitender Technik jedoch begann ein gewaltiger Abstieg der ganzen oberpfälzischen Industrie. Die Billigkeit der oberpfälzischen Produkte, vor allem der Eisenindustrie beruhte auf ihrem Holzreichtum. Mit dem Umstellen von Holz auf Koksfeuerung erwuchs der oberpfälzischen Industrie im rheinisch-westfälischen Industriebezirk, wie auch in der englischen Industrie ein Konkurrent, dem die oberpfälzische Industrie nicht standhalten konnte, so dass lange Zeit, bis ins 19. Jahrhundert hinein, die Hammerwerke, wie auch Schleif- und Polierwerke, die sich an den zahlreichen Flüssen gebildet hatten, fast verödet lagen.
Endlich, im 19. Jahrhundert, konnte sich auch die oberpfälzische Industrie wieder aufraffen. Einen nicht unwesentlichen Teil trugen dazu die neuerbauten Bahnlinien bei, auf denen sich die Eisenindustrie die nötigen Kohlen- und Koksvorräte verhältnismäßig billig besorgen konnte, um sich so den neuzeitlichen Erscheinungen der Wirtschaft und Technik anzupassen und deren Errungenschaften entsprechend ausnützen zu können.

So kann man denn seither in der oberpfälzischen Eisenindustrie einen Aufschwung beobachten, der sich fortsetzte und in neuerer Zeit eine Bedeutung erreichte und sich zu einer leistungsfähigen Großindustrie ausbildete, deren Aufmerksamkeit weite Kreise auf sich zog. Durch den unglücklichen Ausgang des Krieges, haben natürlich die oberpfälzischen Eisenerze besondere Bedeutung erlangt.

Doch nicht allein auf diesen Zweig der Industrie beschränkte sich der Aufschwung. Es begann auch die Glasindustrie, heute eine der wichtigsten Gewerbezweige, ihre Schwingen aufs Neue zu regen. Der günstige Einfluss der Bahnen wirkte sich auch auf viele andere Industriezweige aus und es entstanden Sägemühlen, Dampfsägewerke und vieles mehr. Alles Industriezweige, die heute nicht nur für die Oberpfalz, sondern auch für ganz Bayern, zum Teil für das ganze Reich, Bedeutung erlangt haben.

2. Die örtliche Verteilung des Gewerbes

Die Eigenartigkeit des Oberpfälzischen Gewerbes ist die Verteilung über das ganze Land. Dies gilt vor allem für die Industrie und ist auch leicht erklärlich. Diese rohstoffveredelnde Gewerbeart lässt sich natürlich an jenen Orten nieder, die in der Nähe ihrer zu verwendenden Materialien liegen, ist also vor allem rohstofforientiert. Bei den zahlreichen Rohstoffvorkommen der Oberpfalz, die sich ja bekanntlich über das ganze Gebiet erstrecken, ist die natürlichste Folge eine Ausbreitung der Industrie über die ganze Oberpfalz. So findet man denn auch in den kleineren Ortschaften, die sonst vorwiegend landwirtschaftlichen Charakter haben, Betriebe, die im Bezug auf ihre Größe nichts zu wünschen übrig lassen und die in manch größeren Städten nicht zu finden sind. Die Tatsache, dass in den Städten Amberg und Regensburg die Industrie einen etwas größeren Rahmen umfasst, ändert nichts an dem Verteilungsbild, nach welchem das Schwergewicht der Erwerbstätigkeit auf dem flachen Lande liegt. Beim Handwerk sind zwar auch die Betriebe über das Land verteilt, jedoch spielt es in den Städten, infolge ihrer größeren Dichtigkeit eine größere Rolle und zeigt daher einen leichten Zug zur Stadt. Die Verteilung der Handwerksbetriebe auf Stadt und Land möge folgende Aufstellung veranschaulichen, die auf die Aufstellung des Herrn Prof. Dr. Dr. Georg Ritter von Ebert zurückgreift und diese zugleich in der Anzahl der Betriebe ergänzt.

Bezirksämter	auf 100 Personen treffen		Zahl der Betriebe
	beschäftigte Personen	Betriebe	
1. Amberg	2,9	2,0	605
2. Parsberg	4,5	2,9	897
3. Neumarkt	3,4	2,6	707
4. Nabburg	4,1	2,4	439
5. Neunburg	2,8	1,9	301
6. Riedenburg	4,3	2,5	383
7. Roding	3,5	2,2	55
8. Eschenbach	4,7	2,9	705
9. Beilngries	5,3	3,2	484
10. Neustadt	3,2	1,9	564
11. Kemnath	4,0	2,0	582
12. Regensburg	3,6	2,3	709
13. Burglengenfeld	2,6	1,5	417
14. Vohenstrauss	4,4	2,7	641
15. Oberviechtach	3,4	2,6	391
16. Waldmünchen	4,5	2,6	396
17. Tirschenreuth	4,5	2,4	979
18. Sulzbach	4,5	2,7	561
19. Stadtamhof	5,1	2,5	776
20. Neustadt	4,6	2,3	662
Städte			
21. Neumarkt	7,9	2,3	180
22. Schwandorf	6,1	2,2	187
23. Weiden	6,4	1,8	346
24. Amberg	5,1	2,0	531
25. Regensburg	5,5	1,7	1.306

3. Der Anteil der Bevölkerung am Gewerbe

Von den 366.123 Erwerbstätigen gehören nach der Zählung von 1925, 78.033 zum Gewerbe. Das Übrige verteilt sich auf Landwirtschaft, Handel und Verkehr, wobei natürlich das Hauptgewicht auf der Landwirtschaft liegt. Auf diese im Gewerbe beschäftigten Personen entfallen 17.574 Betriebe von denen 14.326 zum Handwerk gehören. In den Betrieben der Industrie sind 76.592 Personen beschäftigt. Beim Handwerk treffen auf 100 Einwohner im Durchschnitt 4,43 beschäftigte Personen was bei einer Einwohnerzahl von 629.262 eine Gesamtzahl von 27.876 beschäftigten Personen ausmacht.

4. Zahl und Größe der Betriebe

Die Betriebe verteilen sich auf Klein-, Mittel- und Großbetriebe in der Weise, dass die meisten von ihnen zu den Kleinbetrieben gerechnet werden. Um die Größe der Betriebe besser beurteilen zu können, seien im Nachfolgenden zugleich die auf sie entfallenden beschäftigten Personen mit aufgeführt.

Nach der Betriebszählung von 1925 entfallen auf

Betriebe		beschäftigte Personen
Alleinbetriebe	4.846	4.846
Betriebe mit 0 Arbeitskräften	2.794	---
d.h. nebenberufliche Betriebe		
von 1-5 Arbeitskräften	8.386	19.731
Kleinbetriebe	144	13.822
Betriebe von 200-500	24	7.044
von 6-10	774	5.671
von 10-50	592	12.630
501-1000	9	5.787
1001 u. mehr	5	7.061
insgesamt	17.574	76.592

Von den nicht zur Oberpfalz gehörigen Kraftwerken sind die beiden Stationen des Bayernwerkes in Amberg und Regensburg zu nennen, die die ihnen zur Verfügung stehenden Energiequellen durch die Oberpfalzwerke zur Verteilung kommen lassen. Die der Oberpfalz zur Verfügung stehende Gesamtleistung beläuft sich ungefähr auf 35.000 PS. Durch diese Strommengen wurden bis zum 1.1.1927 insgesamt 1.506 Ortschaften mit 244.000 Lampen und 14.500 Motoren versorgt. In zunehmendem Maße macht die Industrie von diesen Strommengen Gebrauch, denn sie erkennt immer mehr den Vorteil, der für sie aus deren Gebrauch erwächst.

So sind es vor allem die Werke der Zement-, Porzellan-, Spiegelglas- und Großindustrie, die dem Verteilungsnetz angeschlossen sind. Ebenso machen sich viele andere Industriezweige, wie die Bleistiftindustrie, Fahrradwerke und die Sägewerke den Vorteil der Kraftversorgung zunutze und zwar in steigendem Maße.

Es ist unmöglich die augenblickliche Lage des oberpfälzischen Gewerbes genau wiederzugeben, es würde ein falsches Licht in das Gesamtgewerbe hineintragen und so seine Bedeutung gewaltig herabmindern. Denn die heutige wirtschaftliche Lage muss doch in gewissem Sinne als vollkommen unnatürlich aufgefasst werden, die, wenn sie auch längere Zeit anhaltend ist, doch nur als vorübergehend bezeichnet werden muss. Sollten die zahlreichen Bemühungen zur Hebung der Wirtschaft von Erfolg gekrönt sein, so ist es ja unerlässlich, dass auch das oberpfälzische Gewerbe wieder zu der Bedeutung kommt, die es einst besessen hat und die ihm auf Grund seiner günstigen Vorbedingungen zukommt. Dies vor allem wurde bei der Bearbeitung des Themas berücksichtigt und nur zum Teil wo es notwendig erschien auf die derzeitigen ungünstigen Verhältnisse hingewiesen. Es steckt ja nicht nur die oberpfälzische Wirtschaft in misslichen Verhältnissen, auch der gesamten deutschen, ja selbst der

ausländischen Wirtschaft, ergeht es nicht besser, wie dies ja schon die kürzlich erfolgte Erhöhung der amerikanischen Zollmauer, zum Schutze und damit zur Besserung der heimischen Wirtschaft, beweist.
Dem Handwerk seien an dieser Stelle noch einige Worte gewidmet. Die mangelnden Aufträge und die herrschende Absatznot scheint diesem arg mitgespielt zu haben.

Der „Fränkische Kurier" schreibt am 18.9.1924:
„Nach der Hebeliste der Handwerkskammer Regensburg bestanden in der nördlichen Oberpfalz am 1. Januar 1922 rund über 6.000 Handwerksbetriebe. Die Hebeliste vom 1. Januar 1924 weist jedoch für diesen Bezirk nur mehr knapp 4.000 auf, sodass innerhalb zweier Jahre, anscheinend durch die Ungunst der Inflation, rund 2.000 Handwerksbetriebe – das ist der 3. Teil – eingegangen sind. Auch in anderen Bezirken der Oberpfalz ist bedauerlicher Weise ein starker Rückgang der Handwerksbetriebe zu verzeichnen."
Bis heute ist gewiss keine wesentliche Besserung im Handwerk eingetreten - man kann im Gegenteil von einer weiteren Verschlechterung sprechen.

II. Die einzelnen Gewerbegruppen
1. Das Gewerbe der Steine und Erden
Einer der wichtigsten Gewerbezweige der Oberpfalz ist das Gewerbe der *Steine und Erden*. Dieser Umstand ist ja leicht erklärlich, wenn man sich die eingangs geschilderten zahlreichen Vorkommen an diesbezüglichem Material ins Gedächtnis zurückruft. Das außerordentlich reiche Rohstoffvorkommen war denn auch der Anlass zu einer Industrie, die in der Lage gewesen ist, einer großen Zahl von Arbeitern das tägliche Brot zu verschaffen. So stellt denn auch dieser Industriezweig das Hauptkontingent an Arbeitern und erreichte 1925 eine Zahl von 19.688 Personen, die in 644 Betrieben beschäftigt sind.

Diese Betriebe verteilen sich folgendermaßen:

Betriebe		beschäftigte Personen
Alleinbetriebe	86	86
Betriebe mit 0 Arbeitskräften	59	---
mit 1-5	230	578
mit 6-10	72	574
mit 11-50	121	2.938
mit 51-200	51	5.181
mit 201-500	18	5.200
mit 501-1000	6	3.717
mit 1001 u. mehr	1	1.414

Zwei Drittel aller Betriebe sind also Klein- bzw. Mittelbetriebe, 152 Betriebe zählen zum Handwerk.

Davon entfallen auf

Steinhauer und Steinmetze	113 Betriebe
Diamantschleifer	2 Betriebe
Ziegeleien	30 Betriebe
Glas- und Porzellanmacher	2 Betriebe
Glasschleifer	2 Betriebe
Polierer	3 Betriebe

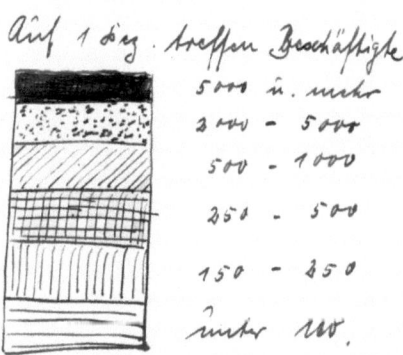

Das Handwerk ist also in diesem Industriezweig ziemlich schwach vertreten, nur dem Gewerbe der Steinhauer und Steinmetze kommt einige Bedeutung zu.

Über die Verteilung der Industrie der Steine und Erden über die einzelnen Bezirke gibt anliegende Karte (S. 25) Aufschluss. Nach ihr liegt also das Hauptgewicht auf der nördlichen Oberpfalz, jedoch ist sie auch im Bezirk Regensburg mit einer Anzahl von Betrieben vertreten. Besonders hervorzuheben sind die Bezirke Tirschenreuth und Neustadt. Die hohe Zahl der

Beschäftigten beruht natürlich auf der Rohstofforientiertheit der Betriebe und gibt den Anwohnern die beste Beschäftigungsmöglichkeit, die allerdings in letzter Zeit infolge Absatzmangels und der herrschenden Kapitalnot, die eine Bautätigkeit nur in beschränktem Maße zulässt, bedeutend herabgesetzt wurde.

Für die Verteilung des Handwerks gilt dasselbe wie oben. Sie ist durch eine grafische Darstellung veranschaulicht, die, wie alle folgenden, dem schon erwähnten Aufsatze des Herrn Prof. Dr. Dr. Georg Ritter von Ebert entnommen ist.

Die Darstellung besagt, dass auf 100 Einwohner in den Bezirken 1, 2, 3, usw. 0,1; 0,2; 0,3; usw. Betriebe und 0,1; 0,2 0,3 usw. beschäftigte Personen treffen. Dabei stellt die obere Linie die Zahl der beschäftigten Personen und die untere die Anzahl der vorhandenen Betriebe dar.

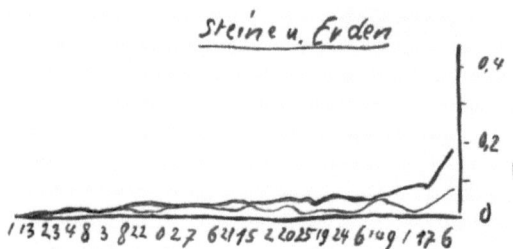

a) Die Steinindustrie

Mannigfaltige Untergruppen reihen sich dem Gewerbe der Steine und Erden ein. So finden wir in der *Granit- und Basaltindustrie* einen Zweig der außergewöhnliche Verbreitung gefunden hat. Gibt es doch nicht weniger als 120 Steinbruchbetriebe, von denen 9 zu den Großbetrieben gerechnet werden können. Das Urgestein des Bayerisch-Böhmischen Waldgebietes und auch das des Fichtelgebirges bildet den Grundstock einer Industrie, die sich außerordentlich gut entwickelt hat.

So findet man auch in jenen Gebieten die Granit- und Basaltindustrie als vorherrschend. Für das Granitgewerbe kommen vornehmlich in Betracht: Rossbach, Cham, Furth im Wald, ferner die Gegend um Neustadt, Floss, Oberviechtach, Weiden. Die Basaltindustrie hat ihren Sitz in Wiesau, Steinmühle, Immenreuth, Groschlattengrün, Schwarzenreuth und Ebnath. Der Granit findet Verwendung in Form von Pflastersteinen, Treppenstufen, Säulen, Randsteinen, Sockelsteinen und Schotter. Jedoch hat sich ihn auch das Kunststeingewerbe nutzbar gemacht, wie dies bei der Herstellung von Grabdenkmälern geschieht. In der Steinfelser Gegend hat sich infolge des dort vorkommenden guten Sandbodens das Kunststeingewerbe außerordentlich gut entwickelt. Als Spezialitäten werden hier Quarzit- und Trottoirsteine hergestellt, ferner Fußbodenleisten, Rohre, Bausteine, Fassadenstücke, Dachsteine usw. Die modernsten Einrichtungen in den Steinfelser Betrieben begünstigen den Aufschwung dieses Industriezweiges in dieser Gegend besonders.

Wie Granit, so wird auch Basalt in noch höherem Maße als Schottermaterial verwendet und wird besonders bevorzugt, da er infolge seiner geringen Abnutzbarkeit und seiner Druckfestigkeit sich zu diesem Zwecke besonders eignet. Auf dieser Tatsache beruht zum Teil das Aufblühen einer Industrie, die den vorhandenen Granit und Basalt zu Schotter verarbeitet. Weit über Deutschlands Grenzen hinaus erstreckte sich einst der Absatz.

Leider hat dieser einst überragenden Industrie der Weltkrieg mit seinen Folgen, vor allem der andauernden Stagnation auf dem Baumarkte bis jetzt unheilbare Wunden geschlagen.

Ebenso sind die Zukunftsaussichten für die Granitschleiferei sehr trüb, verursacht durch die Änderung des Geschmacks der Kundschaft, die an polierten Arbeiten kein Interesse hat. Die derzeitige Wirtschaftslage brachte es mit sich, dass dieser Industriezweig zu denen zählt, die am meisten darniederliegen. Der Beschäftigungsgrad der gesamten Pflaster-

und Schottersteinindustrie ist denn heute durchschnittlich auf ca. 20% ihrer Leistungsfähigkeit gesunken. Die Arbeiterzahl beträgt ungefähr 30 - 40% des Normalstandes. Der Rückgang der Zahl der Arbeiter wurde bedingt durch die große Absatznot, unter der besonders die Pflastersteinbetriebe schwer zu leiden haben. Jedoch auch der Schotterindustrie fehlen Aufträge für den Wegebau fast völlig. Der Grund für diese außerordentlich schlechte Lage ist in der Zollfreiheit der Pflastersteine zu suchen, die Schweden im zweiten Zusatzabkommen zum Deutsch-Schwedischen Handelsvertrag im Dezember 1929 zugestanden worden ist. Die Folgen dieses Abkommens machen sich jetzt in ganz erschreckender Weise bemerkbar, denn seit Monaten schon bleibt auch der Binnenmarkt der Pflastersteinindustrie verschlossen.

Jene Industriezweige, wie die Kaolinindustrie, Schwerspat-, Quarzsand-, Feldspat-, Pegmatitindustrie fallen außer den Rahmen dieser Betrachtung, da sie nur den Rohstoff für die einzelnen Industrien zutage fördern, nicht aber selbst rohstoffveredelnd sind.

Jedoch wird bei der Betrachtung dieser Industrien, für welche diese Rohstoffe in Frage kommen, kurz auf sie zurückgegriffen werden.

Ganz kurz sei der *Marmorindustrie* gedacht. Neben kleineren Betrieben in der Oberpfalz findet sich bei Weiden ein größeres Werk, das sich mit der Sägerei und Schleiferei des Marmors beschäftigt. Im Allgemeinen aber hat die Marmorindustrie wenig Bedeutung und tritt fast nicht in Erscheinung.

b) Das Kalk- und Zementgewerbe

Der Kalkboden des Juras, ferner des Naab- und Donautales hat eine namhafte *Kalkindustrie* hochgebracht. Im Jura, dem Gebiete der Eisenerze, wird der Kalk von den eigenen Werken der Eisenindustrie verarbeitet, scheidet also hier aus. Die Kalköfen bei Velburg, Dietfurt, Eichhofen, Schlicht und Kemnath jedoch veranlassen einen Versand von gebranntem Kalk, der jährlich viele 1.000 Waggons erreicht. Besondere Bedeutung erlangten die Kalkwerke der Wallhallastraße. Die sogenannten „Paintner Platten" werden hier verarbeitet und dienen zum Decken der Häuser und werden außerdem zum Pflastern der Hausgänge und Kirchen verwendet.

Lithin, eine Art Mörtel, wird in der Oberpfalz in besonderer Güte hergestellt. Das bekannteste Lithinwerk findet sich in Steinfels. In autoarmen Gegenden ist Lithin als Ersatz der teuren Natursteine, als Fußbodenbelag und ähnliches ein gesuchtes Material. Für Trockenmörtel ist vor allem die Gegend westlich von Weiden, also Steinfels und Freihung maßgebend. Es haben sich hier zahlreiche Betriebe angesiedelt, die sich mit der Herstellung von Mörtel befassen. Größere Bedeutung konnte dieser Industriezweig nicht erlangen.

Aufs engste mit den Kalksteinen ist die *Zementindustrie* verbunden. Gaben doch diese den Anlass zu dieser sehr beachtenswerten Industrie. Mit der Herstellung von Zementwaren befasst sich vor allem Burglengenfeld und Umgebung. In Bodenwöhr und Grafenwöhr ist sie ebenfalls vertreten. Montanzement, der in Amberg aus Abfallprodukten der Hochöfen hergestellt wird, hat einen Absatz bis weit über Bayerns Grenzen hinaus erreicht.

c) Das Tongewerbe

Die reichen *Tonlager* veranlassten in der Mitte des vorigen Jahrhunderts zahlreiche Ansiedlungen an deren Fundstätten und es entwickelte sich eine Industrie, die eine stattliche Anzahl von Betrieben bis heute in ihren Reihen sieht. Diese bringen die verschiedenartigsten Erzeugnisse auf den Markt, von den gewöhnlichen Mauerziegeln, Chamotte- und Klinkerfabrikaten an bis zu den feinsten Töpferwaren. In der Hauptsache ist die Tonindustrie in der Gegend um Schwandorf, Amberg, Hirschau und im

Gebiete des alten Stiftslandes sowie Tirschenreuth ansässig. Die Bedeutung der Tonwarenindustrie zeigt die Tatsache, dass die Tonwarenfabrik in Schwandorf allein 1.700 Arbeiter beschäftigt und jährlich 4.000 Waggons fertig gebrannter Waren herstellt. Die anderen Unternehmungen stehen zwar diesem an Größe nach, doch bilden sie zusammen einen Industriezweig von respektablem Umfange. In der *Steinzeug- und Steingutherstellung* steht Tirschenreuth mit 6 Betrieben an der Spitze. Es folgen Amberg, Nabburg und Stadtamhof. Sämtliche 3 Betriebe beschäftigen 865 Arbeiter nach einer Zählung von 1921, die, wenn auch längst überholt, doch einen Einblick in die Größe des Industriezweiges gestattet. Die Fabrikate sind zum Teil sehr bekannt und besitzen überall einen guten Namen. Erstreckt sich doch auch der Absatz über Deutschland hinaus ins Ausland und zum Teil auch nach den Überseestaaten. Der größte Teil der Produkte wird jedoch in Süddeutschland untergebracht.

Die Steingutfabrikation zählt heute zu jenen wenigen Industrien, die trotz der schwierigen Wirtschaftslage im Stande sind, den größten Teil des Jahres mit voller Belegschaft zu arbeiten.

Die *Chamotte- und Klinkerfabrikation* ist in der Gegend von Waldsassen zu finden. Vier Hochöfen beschäftigen 160 Arbeiter. Außerdem befasst sich die Tonwarenfabrik Schwandorf mit der Herstellung von Chamottewaren.

Auch die *Tonofenfabrikation* ist in der Oberpfalz und zwar in Waldsassen mit zwei Betrieben vertreten. Tirschenreuth hat mit der Tonofenfabrikation diejenige von Braungeschirren verbunden. Es kommt aber dieser Industrie, infolge der heutigen geringen Nachfrage nach Tonöfen, nur geringe Bedeutung zu. Die Grundlage für die über die ganze Oberpfalz verbreitete *Ziegelindustrie*, bildet das Vorkommen an Lehm. Fast in jedem Bezirk befinden sich einige Ziegeleien.

Hervorgehoben verdienen diejenigen von Neustadt, Regensburg, Stadtamhof und Tirschenreuth zu werden. 34 Betriebe, mit einer Zahl von 1.848 Beschäftigten wurden in der Oberpfalz gezählt. Darunter sind einige große Dampfziegeleien. Einige Betriebe jedoch mussten ihre Tätigkeit einstellen. In normalen Zeiten, besonders vor dem Kriege, hatte die Ziegelindustrie einen guten Absatz und gute Beschäftigungsmöglichkeiten aufzuweisen und stellte für die Wirtschaft der Oberpfalz, ja für ganz Bayern, einen wichtigen Faktor dar.

Trotzdem aber nimmt dieser Industriezweig immer noch einen sehr beachtenswerten Umfang an und versorgt nach wie vor den bayerischen Markt mit Ziegeln, wenn auch nicht mehr im selben Maße. Die Verbreitung der oberpfälzischen Produkte außerhalb Bayerns ist nicht wesentlich, in außerbayerischen Ländern spielen sie nur eine geringe, oder überhaupt keine Rolle. Es ist aber zu hoffen, dass nach dem Überwinden der derzeitigen Wirtschaftskrisis auch die oberpfälzische Ziegelindustrie wieder die Bedeutung einnimmt die sie einst innehatte.

Nicht unerwähnt darf ein weiterer Industriezweig bleiben, der die Verarbeitung des in der Oberpfalz reichlich vorkommenden *Ockers* zum Gegenstand hat. In der Umgebung von Regensburg finden wir einige Farbmühlen, die Ocker in handelsfähige Ware umarbeiten.

d) Das Porzellangewerbe
Einen weiteren Ast des Gewerbes der Steine und Erden stellt die *Porzellanindustrie* dar, die - wie die später zu behandelnde Glasindustrie - eine Bedeutung erlangte, wie keine andere Industrie in der Oberpfalz. Als Exportindustrie ist sie weit über Deutschlands Grenzen hinaus bekannt und bildet neben Oberfranken das Hauptzentrum der Porzellanindustrie in Bayern, somit also auch in Deutschland.

Diese überragende Stellung konnte nur durch die Rohstofflager einerseits und durch die äußert günstige Lage der Oberpfalz für diesen Industriezweig andererseits erreicht werden. Denn die von ihm benötigten Rohstoffmaterialien, wie Kaolin und Feldspat, durch dessen Güte ausländisches Material verdrängt werden konnte, ferner Pegmatit, Tonerden, Blauton und Quarz birgt der oberpfälzische Boden, wie eingangs ja eingehend ausgeführt wurde, selbst in großen Mengen und von hervorragender Güte. Dazu kommt, dass er seinen Bedarf an Rohprodukten aus dem naheliegenden Böhmen billig ergänzen kann. Wesentlich ist dies für die Braunkohleversorgung, da das Wegfallen der teuren Frachtkosten ein billigeres Fabrizieren ermöglicht. Neben dem Bezug aus der Tschechoslowakei kommt noch derjenige aus dem Braunkohlenland Sachsen in Betracht, so dass die oberpfälzische Porzellanindustrie von zwei Seiten begünstigt wird.

Trotz dieser äußerst günstigen Umstände hat die Porzellanindustrie erst verhältnismäßig spät, nämlich im 20. Jahrhundert, ihren Aufschwung begonnen, ist aber nach kaum 30-jähriger Entwicklung zur größten und weitverzweigtesten Exportindustrie herangewachsen, obwohl die Kriegszeit die Porzellanindustrie mit am schwersten getroffen hatte. Auch heute, in der Zeit unserer schwersten Wirtschaftskrisis ist der Beschäftigungsgrad als gut zu bezeichnen, ein Zeichen für das starke Fundament dieser Industrie.

Die Hauptzentren der Porzellanindustrie bilden die Nordoberpfalz, welche hier vor allem in den Orten Arzberg, Waldsassen, Mitterteich, Neustadt, Tirschenreuth, Windischeschenbach, Krummenaab und Weiden ansässig ist. Die Firma Bausche in Weiden beschäftigt allein ca. 1.500 Arbeiter und besitzt Filialen in Luzern, London und New York. 28 Betriebe wurden in der nördlichen Oberpfalz gezählt, gewiss eine stattliche Anzahl, besonders wenn man in Betracht zieht, dass sehr viele Großbetriebe darunter

sind. Aber auch in der übrigen Oberpfalz findet man die Porzellanindustrie vertreten. Zu nennen wäre hier vor allem Schwandorf.
Die Erzeugnisse, vom einfachsten Teller bis zu den feinsten Servicen, haben einen Absatz in der ganzen Welt gefunden. Außerordentlich begehrt sind die Hotelporzellane Weidens, die Weltruf genießen, sowie seine feuerfesten Geschirre.
Trotz der guten Vorbedingungen, die den Aufschwung der oberpfälzischen Porzellanindustrie veranlassten und trotzdem diese einen Weltruf genießt, ist ihr doch ein gefährlicher Konkurrent entstanden.

Böhmen, das infolge des Rohstoffvorkommens auf der gleichen Grundlage basiert, ja fast noch günstigere aufzuweisen hat, steht der oberpfälzischen Porzellanindustrie im scharfen Wettbewerb gegenüber. Es wird durch seine niedrigen Löhne und seine Braunkohlenlager noch begünstigt, so dass die oberpfälzische Porzellanindustrie der drohenden Gefahr durch Zusammenschlüsse zu begegnen suchte - auch größtenteils mit Erfolg.

e) Das Glasgewerbe
Ein nicht minder wichtiger Erwerbszweig ist das *Glasgewerbe*. Im Hinblick auf die Rohstoffversorgung steht es auf gleicher Stufe wie die Porzellanindustrie. Denn auch ihm kommen sowohl die heimischen Quarze, als auch die Vorzüge der nahen böhmischen Braunkohle zu gute.
Die Glasindustrie ist eines der ältesten Gewerbe der Oberpfalz. Schon im 16. Jahrhundert siedelten sich in den Wäldern des Böhmerwaldes zahlreiche Glashütten und Schleifen an, die den Holzreichtum der Oberpfalz ausnützend, sich nur auf Holzfeuerung verlegten. Zahlreiche kleine Wasserkräfte kamen diesem Gewerbe sehr zu statten. Das Umsichgreifen der Abholzungen und die Fortschritte der Technik bewirkten im 19. Jahrhundert eine vollkommene Umstellung. Wenn auch das Hauptzentrum der Glasfabrikation nach Fürth/Bay. verlegt wurde, so blieben doch in der

Oberpfalz neben größeren Werken unzählige kleinere Schleif- und Polierwerke, die heute noch zum überwiegenden Teil durch Wasserkraft betrieben werden.

Dieselben Momente, wie bei der Porzellanindustrie spielen auch hier eine große Rolle. Die Konkurrenz der Tschechoslowakei macht sich unangenehm bemerkbar, deren niedrige Löhne – nach Bingold sind sie 50-60% niedriger als in Bayern – bilden einen ständigen Druck auf die oberpfälzische Glasindustrie. Außerdem tragen nach Bingold die deutschen Arbeitszeitgesetze, sowie die sozialen Lasten dazu bei, die deutsche Konkurrenzfähigkeit herabzusetzen.

Trotz alledem konnte sich aber bis jetzt eine Industrie behaupten, die den Vergleich mit den übrigen in Bayern vorhandenen, nicht zu scheuen braucht. Durch modernste maschinelle Anlagen konnte eine bedeutende Vermehrung der Fabrikate erzielt werden. So sind die Tafel-, Salin- und Spiegelfabriken von Weiden und Mitterteich ziemlich umfangreich und sind im Stande, Tafelglas in außerordentlich großen Mengen zu fabrizieren. Die Ausdehnung und zugleich die Größe der Betriebe der Tafelglashütten und Schleifereien gehen aus folgender Zusammenstellung hervor:

	Betriebe	beschäftigte Personen
Amberg	1	3
Burglengenfeld	5	61
Cham	2	424
Eschenbach	9	80
Kemnath	7	30
Nabburg	6	50
Neumarkt	1	2
Neunburg	21	274
Neustadt	27	515
Oberviechtach	28	122
Parsberg	4	54
Roding	1	4
Stadtamhof	4	43

Tirschenreuth	7	564
Vohenstrauss	42	437
Waldmünchen	8	27
Weiden	1	210
gesamt	174	2.900

In Mitterteich werden Trockenplattengläser und Gläser für optische Zwecke und in Weiden wird Fensterglas hergestellt. In Altenhammer befindet sich eine Beleg- und Facettieranstalt. Zur Erzeugung gelangen ferner in der Oberpfalz Fotomattscheiben und optische Artikel die alle einen Export ins Ausland aufzuweisen haben. Guten Absatz im Ausland findet ebenfalls die Glasmalerei mit dem Sitz in Regensburg.

Gut vertreten ist ein anderer Zweig der Glasindustrie, die Hohlglasbereitung mit ihren Untergruppen der Kristallglas- und Flaschenerzeugung. Die wichtigsten Betriebe der Kristallglaserzeugung sind in Neustadt, die ein Absatzgebiet bis nach Amerika und weit über den Balkan haben. Die zwei Betriebe beschäftigen 500 Arbeiter. Für den Export, sowie für das Inland arbeiten die Betriebe in Amberg und Immenreuth.

Die *Flaschenglasherstellung* von Amberg besitzt eine Art Monopolstellung, ist sie doch die einzige Fabrik in Bayern, die sich mit der Herstellung dieses Artikels befasst. Die Erzeugnisse – Flaschen aller Art, besonders grüne Bierflaschen – finden in ganz Bayern einen guten Absatz. Neben der Porzellanindustrie ist es besonders dieser Industriezweig, der trotz des schlechten Geschäftsganges vollauf beschäftigt ist.

Endlich wären hier abschließend zu erwähnen, solche Betriebe, die welche mit der Glasindustrie in direktem Zusammenhang stehen, so die Glasofenherstellung von Plössberg, Opalglas-, Verpackungstopfindustrie von Immenreuth, ferner die etwas abgefallene Glasperlenherstellung und die Fabrikation von Christbaumschmuck.

2. Das Baugewerbe einschließlich Baunebengewerbe
Im Anschluss an das Gewerbe der Steine und Erden erscheint es angebracht das *Baugewerbe* hier einzuflechten.
Dieses umfasst 2.628 Betriebe mit 8.959 beschäftigten Personen.

Die Aufteilung dieser Betriebe ist folgende:

Betriebe		beschäftigte Personen
Alleinbetriebe	816	816
Betriebe mit 0 Arbeitskräften	620	---
mit 1-5	904	2.220
mit 6-10	134	978
mit 11-50	128	2.658
mit 51-200	25	2.010
mit 201-500	1	277

Es sind also

2.340 Kleinbetriebe mit 3.036 Arbeitern

262 Mittelbetriebe mit 3.636 Arbeitern

26 Großbetriebe mit 2.287 Arbeitern

Zum Handwerk sind hiervon 2.005 Betriebe zu rechnen, die sich zusammensetzen aus

Maurern	mit	807 Betrieben
Zimmerern	mit	625 Betrieben
Zementeuren	mit	7 Betrieben
Glasern	mit	98 Betrieben
Malern, Tünchern	mit	220 Betrieben
Stuckateuren	mit	8 Betrieben
Dachdeckern	mit	29 Betrieben
Hafnern, Ofensetzern	mit	139 Betrieben
Backofenbauern	mit	3 Betrieben
Kaminbauern	mit	2 Betrieben
Kaminkehrern	mit	55 Betrieben

Über die Verteilung über Stadt und Land möge wiederum unsere grafische Darstellung Aufschluss geben.

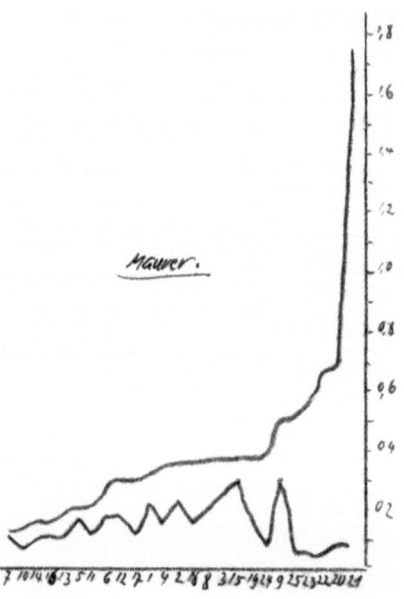

Während die Betriebszahl in den einzelnen Bezirken ziemlichen Schwankungen unterworfen ist, zeigt die Zahl der Beschäftigten ein gewaltiges Anwachsen in den Städten, das vor allem - wie auch nachfolgend speziell dem Maurergewerbe zugrunde gelegte grafische Darstellung bekundet - auf den städtischen Charakter desselben zurückzuführen ist.
Dem oberpfälzischen Gewerbe kommt der Holz- und Steinreichtum vorzüglich zu statten.

Auch der Quarzsand findet für Mauer-, Beton- und Verputzarbeiten treffliche Verwendung. Diesem Umstande sowohl, als auch der Tatsache, dass die Oberpfalz in den letzten Jahrzehnten eine rege Bautätigkeit entfaltete, ist wohl die große Zahl der einschlägigen Betriebe zuzuschreiben. Die fortschreitende Industrialisierung nahm auch das Baugewerbe sehr in Anspruch, sowohl für Häuser und Fabrikgebäude, als auch für die Oberpfalz dringend nötigen Straßenbauten, die zur Zeit auch gute Fortschritte aufzuweisen haben. Man erinnere sich nur an die kürzlich erfolgte Fertigstellung der neuen Jurastraße. Weitere Straßenbauten sind im Gange. Für die Oberpfalz ist das Baugewerbe ein äußert wichtiger Zweig, da es im Stande ist, einer sehr hohen Anzahl von Arbeitern Beschäftigung zu geben. Sieht man von dem Umstande ab, dass auch dieser Gewerbezweig, wie so viele andere, unter dem Mangel an Aufträgen zu leiden hat, so bekommt man von ihm ein ziemlich günstiges Bild. Denn das Baugewerbe beruht ja größtenteils auf dem Gewerbe der Steine und Erden. Dieses Gewerbe ist, wie wir schon gesehen haben, in unserem Kreis außerordentlich ausgeprägt. Das Baugewerbe ist daher in der Lage, sich die notwendigen Materialien billigst, unter ziemlich niedrigen Frachtkosten zu besorgen, ja zum Teil fallen diese fast ganz fort. Außerdem wird das Baugewerbe durch den Holzreichtum der Oberpfalz und mit diesem verbunden durch die gut entwickelte Sägeindustrie, aufs beste unterstützt.

3. Gewerbe der Eisen- und Metallwaren

Eine Gewerbeart, die auf außerordentlich lange Zeit ihres Bestehens zurückblicken kann, ist das Gewerbe der *Eisen und Metalle*. Haben ja schon bayerische Kurfürsten den Wert der im oberpfälzischen Boden ruhenden Erze erkannt und besonders diesen Gewerbezweig immer wieder gefördert und begünstigt. Obwohl die Eisenindustrie jetzt auf einer sehr beachtenswerten Höhe angelangt ist, bestehen doch noch weitere Aufstiegsmöglichkeiten, da ja bekanntlich die oberpfälzischen Eisenerzvorkommen, nach Wegnahme des Minettebezirkes an Bedeutung außerordentlich gewonnen haben, zumal man erkannt hat, dass die Ausbeutung dieser Vorkommen noch bedeutend gesteigert werden kann. Auf diese Vorkommen nun stützt sich die oberpfälzische Eisenindustrie und es sind Werke entstanden, die außerordentliche Ausdehnung und Größe angenommen haben. Man erinnere sich nur an die Maximilianshütte in Rosenberg und die Luitpoldhütte in Haidhof. Für die Größe dieser Werke zeugen auch die Zahlen der beschäftigten Arbeiter, die mit ca. 4.000 bzw. 3.300 sich auf die Haupt- und Nebenbetriebe verteilen. Eingeschlossen in diese Zahlen ist allerdings der Bergbau von Eisen, der - wie schon erwähnt - nicht in Betracht kommt. Sie wurden nur angeführt, um einen Überblick über die Betriebsgrößen zu erhalten.

Mit der Herstellung von Eisen- und Metallwaren beschäftigen sich 5.366 Personen, die sich auf 1.709 Betriebe verteilen. Davon sind

Betriebe		beschäftigte Personen
Alleinbetriebe	290	290
Betriebe mit 0 Arbeitskräften	317	---
mit 1-5	989	2.248
mit 6-10	70	494
mit 11-50	35	671
mit 51-200	7	564
mit 1000 u. mehr	1	1.099

Das Handwerk ist bei der Herstellung der Eisen- und Metallwaren verhältnismäßig gut vertreten. Es wurden 1.650 Betriebe gezählt. Jedoch nimmt fast die Hälfte aller Betriebe das Gewerbe der Schmiede ein mit 1.002 Betrieben, eine gewiss ziemlich hohe Anzahl, die nur, wie wir später sehen werden, von einigen Zweigen des Bekleidungs-, Nahrungs- und Genussmittelgewerbes, sowie der Schreiner überholt wird. Die Betriebe verteilen sich auf die einzelnen Gewerbezweige wie folgt:
Es treffen auf das Gewerbe der

Büchsenmacher	10 Betriebe
Feilenhauer	10 Betriebe
Messerschmiede	15 Betriebe
Drahtwarenherstellung	13 Betriebe
Schleifer und Vernickler	4 Betriebe
Glocken- und Metallgießer	5 Betriebe
Gold- und Silberschmiede, Juweliere	29 Betriebe
Kupfer- und Kesselschmiede	6 Betriebe
Gürtler	5 Betriebe
Graveure und Ziseleure	3 Betriebe
Metalldrücker	2 Betriebe
Schmiede	1.002 Betriebe
Schlosser	240 Betriebe
Spengler, Flaschner, Installateure	306 Betriebe

Das außerordentlich starke Anwachsen des Schmiedegewerbes erklärt sich wohl aus dem Umstand, dass bei dem landwirtschaftlichen Charakter der Oberpfalz die Schmieden sehr in Anspruch genommen werden, vor allem von den Bauern für ihre landwirtschaftlichen Geräte. Es ist deshalb ganz natürlich, dass man das Schmiedehandwerk in erster Linie auf dem flachen Land antrifft, das ihm die besten Fortkommensmöglichkeiten bietet. Über die Verteilung des gesamten Handwerks der Eisen- und Metallwaren über den ganzen Kreis gibt am besten die folgende grafische Darstellung des Herrn Prof. Dr. Dr. Georg Ritter von Ebert Aufschluss.

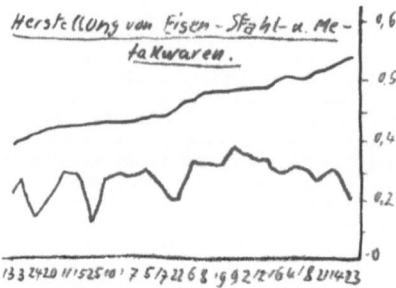

Doch wenden wir uns wieder der Betrachtung der Industrie zu. Der Hauptsitz derselben liegt natürlich in den Gegenden der großen Erzvorkommen. So sehen wir die Gegend von Amberg an der Spitze dieses Industriezweiges, wo sich vier Betriebe mit der Herstellung von Eisen- und Metallwaren beschäftigen. Die Werke von Rosenberg und Haidhof, welch letzteres Eigentum des Bayerischen Staates ist, genießen höchstes Ansehen in Wirtschaftskreisen. Die Produktion erstreckt sich auf alle Arten von Eisenartikeln, wie Halbzeug, Eisenbahnmaterial, Form- und Stabeisen, Feinblech, Gusswaren und viel anderes mehr. Eine Abteilung der Maxhütte Frohnberg bei Schwandorf produziert hauptsächlich schmiedeeiserne Wirtschaftsartikel. Weiterhin ist Eisenindustrie in Weiherhammer, Bodenwöhr, Neumarkt, Nittenau, Sulzbach und Regensburg zu finden. Wenn man in Betracht zieht, dass es sich bei den aufgeführten Orten um Werke größeren und größten Umfangs handelt, so ist leicht ersichtlich, welche Dimensionen die Eisen- und Metallwarenindustrie in der Oberpfalz einnimmt. Als Absatzgebiet kommt in der Hauptsache Bayern in Betracht. Jedoch sind auch das übrige Deutschland und einige Auslandsstaaten Abnehmer der oberpfälzischen Erzeugnisse. Für die Kleineisenerzeugnisse, vor allem Sulzbachs, ist das Absatzgebiet der süddeutsche Markt.

Eine umfangreiche *Gewehrindustrie* hatte sich in Amberg eingebürgert, die mit Kriegsende zum Erlöschen gebracht wurde. An ihre Stelle ist jetzt die Herstellung von Präzisionswerkzeugen getreten, verbunden mit der Herstellung von Pressluftwerkzeugen, die die einstige Industrie in volkswirtschaftlicher Beziehung vollkommen ersetzt. Dass dieses Werk in Amberg, das übrigens ebenfalls Eigentum des Staates ist, äußerst rentabel gestaltet ist, ergibt sich schon aus der Tatsache, dass der Staat und die Behörden umfangreiche Bestellungen an das Werk leiten, dieses also zu seinen Abnehmern äußerst leistungsfähige Unternehmungen zählt und dadurch selbst gut befruchtet wird.

Zur Industrie der Eisen und Metalle zählt ein weiterer Zweig, die *Stanz- und Emailleindustrie*, die ebenfalls, wie der vorhergehend behandelte Zweig, zu besonderer Blüte gelangt ist. Neben Bodenwöhr ist es wiederum Amberg, das den Sitz der Emailleindustrie bildet. Unter dem Namen „Amberger Emaillegeschirr mit der Löwenmarke" haben sich Amberger Emaillewaren einen Weltruf verschafft. Leider brachte es die allgemeine Verschlechterung des Absatzmarktes mit sich, dass sich auch dieser blühende Industriezweig ebenfalls auf abfallender Linie befindet, was sich vor allem im Beschäftigungsgrad bemerkbar macht.

Kurz sei auch erwähnt, dass noch die *Blechwarenindustrie* in der Oberpfalz mit einigen Betrieben vertreten ist und hauptsächlich für die Konservenindustrie arbeitet, wie dies vor allem in Amberg geschieht. Bedeutungsvoll ist sie jedoch nicht und hat ihren Absatz nur im engeren Umkreise, reicht also über die Oberpfalz nicht hinaus.

Auch andere Zweige der Metallindustrie finden wir vertreten, wie Sägen- und Werkzeugfabriken, Schraubenfabriken, Erzeugung von Eisen- und Metallblechen, alle wiederum hauptsächlich im Süden der Oberpfalz zu finden. In Rothenbruck und Rauhenstein bei Neuhaus an der Pegnitz ist die Industrie der Metallschlägerei bzw. der Aluminiumbronzeherstellung heimisch und beschäftigt ca. 150 Arbeiter.

Auch an weiteren kleinen Orten der westlichen Oberpfalz hat sich die Bronze- und Aluminiumfabrikation angesiedelt und hat gutes Ansehen und guten Absatz erlangt, doch ohne zu größerer Bedeutung zu gelangen.

Weiterhin gelten als metallverarbeitend das Gewerbe der *Aluminiumtuben- und Dosenherstellung* mit dem Sitz in Amberg und einem Absatzgebiet, das sich bis über die deutschen Grenzen hinaus, nach Österreich, Ungarn, Italien, Spanien, Belgien und einige Überseestaaten erstreckt. Auch Weiden hat Anteil an der Aluminiumbearbeitung. Der Aluminiumfabrikation fehlen jedoch die Aufträge, so dass ihre Leistungsfähigkeit bedeutend nachgelassen hat und sich auch hier der Beschäftigungsgrad ständig verschlimmert.

Abschließend sei noch bemerkt, dass in jüngster Zeit die Lage der Eisen- und Metallwarenindustrie als sehr schlecht bezeichnet wird. Jedoch bildet die Oberpfalz in der gesamten deutschen Eisenindustrie keine Ausnahme. Dies zeigt ja die in letzter Zeit sich im Gange befindlichen Bestrebungen die Eisenpreise zu senken, die auch von Erfolg gekrönt waren.
Um das Ausland und auch die beteiligten inländischen Industrien zu größeren Käufen zu verleiten, bemühte man sich auf diese Art in den flauen Geschäftsgang der Eisenindustrien Leben zu bringen. Auf weitere Betrachtungen dieser Art sich einzulassen, geht aber über den Rahmen dieser Arbeit hinaus. Es genügt, dass gezeigt wurde, dass die Behebung der derzeitigen Lage der deutschen Eisenindustrie auch die bewährte oberpfälzische Industrie zu ihrer alten Höhe zurückkehren wird, zumal der Abbau der oberpfälzischen Eisenerze in steigendem Maße zunimmt und selbst die Aufmerksamkeit außerbayerischer Kreise erregt.

4. Maschinen, Apparate und Fahrzeugbau

Im Anschluss an die Herstellung der Eisen- und Metallwaren soll nun ein Gewerbezweig behandelt werden, der mit diesem in engster Beziehung steht, da er auf derselben Grundlage, auf dem Erzvorkommen der Oberpfalz, aufgebaut ist. Es ist dies das Gewerbe der *Maschinen, Apparate und des Fahrzeugbaus*. Das Handwerk selbst tritt hier wenig in Erscheinung und findet sich hauptsächlich in Städten. Die 216 Handwerksbetriebe beschäftigen ca. 450-500 Personen. Diese Betriebe verteilen sich auf

Maschinenbauer, Techniker	mit	131 Betrieben
Mühlenbauer	mit	18 Betrieben
Auto- und Fahrradmechaniker	mit	67 Betrieben

Aufschluss über die Verteilung des Handwerkes über Stadt und Land gibt die schon bekannte grafische Darstellung:

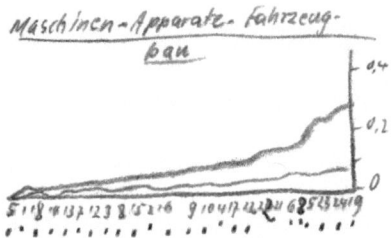

Um so größere Bedeutung kommt dagegen der Industrie dieses Gewerbezweiges zu. Zwar sind es nicht allzu viele Betriebe, doch vermögen diese, infolge ihrer Größe eine ansehnliche Anzahl von Arbeitern zu beschäftigen. Die Betriebszählung von 1925 gibt das Verhältnis der beiden mit 247 zu 2.893 an. Von diesen Betrieben sind 141 mit motorischer Kraft ausgerüstet, im Verhältnis zu anderen Gewerbezweigen eine sehr erhebliche Anzahl. Die überwiegende Anzahl der Betriebe sind zwar Kleinbetriebe, doch ist dieser Industriezweig auch reichlich mit Mittel- und Großbetrieben versehen. Die 247 Betriebe setzen sich zusammen aus 55 Alleinbetrieben, 128 Kleinbetrieben und aus 54 Mittel- und 10 Großbetrieben. Wie anliegende Karte zeigt, sind die Großbetriebe in den Bezirken Amberg und Regensburg zu finden. Besonders ist es Regensburg, das sich mit *Maschinenbau* sowohl auch im *Schiffbau* hervortut wie überhaupt der südliche Teil der Oberpfalz am Maschinen- und Schiffbau regsten Anteil hat. In verschiedenen Maschinenfabriken in Regensburg werden hergestellt landwirtschaftliche Maschinen, Lokomobile, Maschinen für die Lederindustrie, Holzbereitungsmaschinen, die alle einen guten Absatz haben und für Bayern einen nicht unwesentlichen Faktor in der Maschinenindustrie darstellen. Jedoch auch sämtliche europäische Länder zeigen für die Erzeugnisse der oberpfälzischen Maschinenindustrie regstes Interesse.

Auch der übrige Teil der Oberpfalz beteiligt sich rege am Gewerbe des Maschinenbaus und erzeugt die mannigfaltigsten Arten von Maschinen.

So bringt Neumarkt Bäckerei- und Konditoreimaschinen, Mitterteich Straßenbahnwalzen und andere Arten von Maschinen auf den Markt. Eine große Anzahl weiterer Maschinenarten, wie Brauerei- Glasbereitungs-, Gasmaschinen, Wäschereimaschinen und Maschinen für andere Industriezweige, wie die chemische und keramische Industrie, werden vor allem in der südlichen Oberpfalz hergestellt.

Mit einigen wenigen Vertretern der *Fahrzeugindustrie* hat sich die Oberpfalz einen guten Namen gemacht. So ist der Regensburger *Schiffbau* aufs beste bekannt. Ein großer Teil der an der Donau verkehrenden Schleppkähne und Dampfer wurde auf den beiden Regensburger Werftanlagen erbaut, die sich wegen ihrer Leistungsfähigkeit reger Beschäftigung erfreuen.

Der Absatz erfolgt, von den heimischen Donauschifffahrtsgesellschaften abgesehen, nach den unteren Donauländern und wird von diesen immer bevorzugt, trotzdem sich diese Länder durch hohe Einfuhrzölle zu schützen suchten.

Auch die oberpfälzische *Fahrradindustrie* ist in aller Welt gut bekannt, obwohl sie nur mit einem Werk vertreten ist. Dieses Unternehmen, die Expresswerke in Neumarkt, „darf den Ruhm in Anspruch nehmen, die Stätte des ersten fabrikmäßigen Betriebes zur alleinigen Herstellung von Fahrrädern zu sein, nicht nur für Deutschland, sondern auf dem gesamten europäischen Kontinent". Trotzdem die Krafträder die Fahrräder zu verdrängen beginnen, konnte sich die Neumarkter Fahrradfabrikation bis heute in alter Höhe und Bedeutung erhalten.

Der Absatz erfolgte früher nach der Schweiz, Holland, Dänemark, Italien, Österreich, Spanien, Russland, den Balkan und verschiedene überseeische Staaten. Durch die unseligen Auswirkungen des Krieges haben sich jedoch viele große Absatzgebiete verloren.

Nicht unerwähnt dürfen auch einige *Eisenkonstruktionswerke* im südlichen Teil der Oberpfalz bleiben. Wiederum ist es Regensburg, das es in diesem Gewerbezweig zu besonderen Leistungen gebracht hat. Den Eisenkonstruktionswerken wird durch den Staat gute Fortkommensmöglichkeit geboten und sie haben deshalb auch einen guten Beschäftigungsgrad.

Wie wir also gesehen haben ist die oberpfälzische Maschinenindustrie und der Fahrzeugbau äußerst gut entwickelt und für Bayern, sowie für das gesamte Reich von außerordentlicher Bedeutung. Gehoben wird die Lage dieses Industriezweiges noch dadurch, dass die staatlichen und behördlichen Betriebe, um die heimische Wirtschaft zu stützen und zu fördern, ihren Bedarf größtenteils aus den Eisen- und Metallwerken der Oberpfalz decken.

5. Das Holzgewerbe

Veranlasst durch die außerordentlich reichen Waldbestände des Bayerisch-Böhmischen Waldgebietes und des Fichtelgebirges hat sich in frühester Zeit schon eine Gewerbeart, das *Holzgewerbe* entwickelt, das einst namentlich für das Handwerk von größter Bedeutung war. Begünstigt durch die zahlreichen Flüsse und die im Frühjahr durch die Schneeschmelze bedingten Triften, hat es dieses Gewerbe zu hohem Ansehen gebracht, das sich bis heute erhalten hat, so dass das Holzgewerbe zu den wichtigsten und verbreitetsten der Oberpfalz zählt. So konnte es sich in den acht Kreisen Bayerns mit an die Spitze stellen und wir finden es an dritter Stelle nach der Rheinpfalz und Unterfranken. Welche Bedeutung diesem Gewerbe zukommt ist ja schon aus der Betriebszählung ersichtlich. Insgesamt beschäftigen 2.771 Betriebe 9.477 Arbeiter. Natürlich sind die meisten Betriebe Kleinbetriebe - zählen doch 2.160 Betriebe zum Handwerk. Es macht sich aber ein gewisser Zug nach Großbetrieben bemerkbar, denn 15% aller Beschäftigten sind in Großbetrieben tätig. Die Aufteilung nach Betriebsgrößen, das heißt die Aufteilung nach Klein-, Mittel-, und Großbetrieben ist im Übrigen aus folgender Aufstellung zu ersehen:

Betriebe		beschäftigte Personen
Alleinbetriebe	673	673
Betriebe mit 0 Arbeitskräften	500	---
mit 1-5	1.329	3.011
mit 6-10	127	931
mit 11-50	118	2.439
mit 51-200	23	2.142
mit 201-300	1	281

Die Bedeutung des Handwerks hat sich stark eingeschränkt. Die große Anzahl der Betriebe ist zunächst darauf zurückzuführen, dass sich das Gewerbe der Schreiner, wie auch der Wagner besonders stark ausgebildet hat, welche beide zusammen mehr als zwei Drittel aller Betriebe ausmachen. Andererseits setzt sich das Gewerbe aus einer großen Anzahl Einzelgewerbe zusammen, deren Betriebszahlen zum größten Teil verschwindend gering sind und untergeordnete Bedeutung besitzen.

Selbst die Bürsten- und Pinselmacher, die - wie in Mittelfranken durch Überhandnehmen der Zwergbetriebe eine Überproduktion zeitigen und damit den ganzen Industriezweig schädigten - haben eine sehr geringe Betriebszahl aufzuweisen. Trotzdem vermag dieser Handwerkszweig im Verein mit den heimarbeitsähnlichen Betrieben durch Vorarbeiten und Halbfabrikate befruchtend auf den Industriezweig einzuwirken, steht also mit diesem in keinem Missverhältnis.

Um einen Überblick über die Stärke des Gewerbes und dessen Aufteilung zu bekommen, sei wiederum, wie auch in den vorhergehenden Kapiteln, von dem Gedanken ausgegangen, dass dies am ehesten die Zahl der vorhandenen Betriebe, wie sie sich auf die einzelnen Gewerbearten verteilen, ermöglicht:

Sägemüller, Sägewerke	100 Betriebe
Rechenmacher, Holzgerätemacher	2 Betriebe
Schreiner	1.076 Betriebe
Holzschuhmacher	5 Betriebe
Drechsler	51 Betriebe
Bildhauer	32 Betriebe
Büttner	192 Betriebe
Wagner und Karosseriebauer	596 Betriebe
Bootbauer	1 Betrieb
Schirmmacher	8 Betriebe
Kammmacher	2 Betriebe
Galalithwarenhersteller	2 Betriebe
Korbmacher	49 Betriebe
Bürsten- und Pinselmacher	44 Betriebe

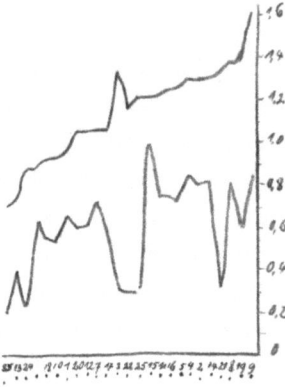

Die grafischen Linien bei der örtlichen Verteilung des Holz- und Schnitzstoffgewerbes verlaufen äußerst abwechslungsreich. Dies liegt daran, dass die meisten Städte sehr schwach besetzt sind, andererseits aber gerade wieder die Gewerbearten der Schreiner und Wagner in den dichter besiedelten Bezirken und zum Teil auch in den Städten sich befinden. Hierzu ist noch zu bemerken, dass dieser Gewerbezweig einen sehr guten Beschäftigungsgrad aufzuweisen hat, wovon der Hauptteil den Sägewerken zukommt.

Welch große Bedeutung das Schreinergewerbe hat, ist an der nachfolgenden grafischen Darstellung deutlich ersichtlich. Wegen seines Umfanges verdient es gesondert aufgeführt zu werden

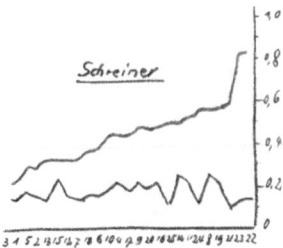

Standort der Sägeindustrie

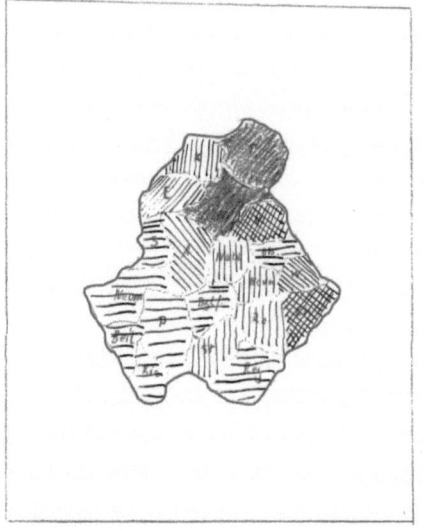

auf 1. Sg. treffen Beschäftigte

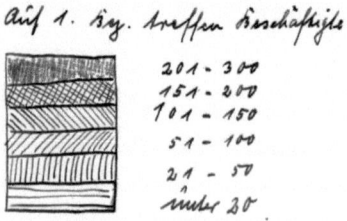

201 - 300
151 - 200
101 - 150
51 - 100
21 - 50
unter 20

Durch das Aufkommen und die Verbreitung des Wintersportes hat sich in jüngster Zeit ein Gewerbezweig herangebildet, der sich insbesondere mit der Produktion von Rodelschlitten und Skis beschäftigt und guten Absatz findet. Wenn auch dieser Gewerbezweig größtenteils in Schreinerwerkstätten ansässig ist, so gehört doch die Herstellung dieses Artikels in der Hauptsache zum Gebiet der industriellen Fabrikation.

Zusammenfassend kann man sagen, dass die Holzindustrie wohl hauptsächlich in den Händen der Mittelbetriebe liegt, jedoch findet auch das Handwerk lohnende Beschäftigung.

Was nun die Industrie selbst betrifft, so gibt anliegende Karte über den Standort derselben Aufschluss. Beim Eingehen auf die Einzelheiten der Holzindustrie verdient zunächst die *Sägeindustrie* hervorgehoben zu werden, die für die Oberpfalz von großer Bedeutung geworden ist. Selbst in Bayern spielt sie eine nicht unwesentliche Rolle. Allein im Bezirk Tirschenreuth laufen 25 Sägewerke die sich in den übrigen Waldbezirken, vor allem in Cham, nicht vermindern. Wie schon erwähnt, werden diese durch zahlreiche Flüsse und durch entsprechende Bahnlinien begünstigt, so dass sich die Sägeindustrie sehr gut entwickeln konnte. Beeinträchtigt wird sie aber durch den Umstand, dass sich noch einige Bahnen im Privatbesitz befinden durch deren Tarifpolitik sich die Frachtkosten ziemlich hoch stellen und damit der Sägeindustrie großen Schaden zufügen. Auch die Tarife der Reichsbahn bedürfen einer Reform, da sie für unseren Industriezweig vollkommen unzulänglich sind, da ebenfalls der Nahverkehr viel zu hohe Transportkosten mit sich bringt. Dazu kommt noch, dass einige Flüsse, wie der Regen, durch eingebaute Kraftwerke der Sägeindustrie unzugänglich sind. Unter allen diesen Umständen leidet natürlich die Konkurrenzfähigkeit.

In den Sägewerken werden Bretter, Balken usw. hergestellt, die zum Teil in der oberpfälzischen Möbel- und Kistenfabrikation gute Verwendung finden, zum Teil aber auch nach den übrigen Ländern Deutschlands, besonders ins rheinisch-westfälische Industriegebiet versendet werden.

Die Fabrikate der *Möbelindustrie* erfreuen sich großer Beliebtheit. Es werden hauptsächlich Massenwaren hergestellt. Besonders verbreitet sind die Fabrikate von Cham und Amberg. Diejenigen von Cham werden hauptsächlich für Kircheneinrichtungen benützt. Die oberpfälzische Möbelindustrie steht in Bayern mit an erster Stelle.

Den Möbelfabriken sind meist *Hobelwerke und Kistenfabriken* angegliedert, die in der Oberpfalz ansehnlichen Umfang angenommen haben. Auch weitere holzverarbeitende Industriezweige sind in der Oberpfalz heimisch und zu großer Blüte gelangt. So findet man in Neumarkt eine Flaschenkastenfabrikation, die den gesamten deutschen Markt beliefert. Außerdem werden an zahlreichen Orten Holzstifte und Brauerspunde erzeugt.

Erwähnung verdient ferner die *Spulenfabrikation* von Cham. Da in ganz Deutschland nur sieben Werke dieser Art sich befinden, kommt diesem Fabrikat besondere Bedeutung zu. Das Absatzgebiet ist in der Hauptsache, außer Bayern, das übrige Reich.

Die Herstellung von *Holzwolle* ist in Rehau und Windischeschenbach, vornehmlich also im nördlichen Teil zu finden. Eine Unsumme von kleineren Fabrikaten, wie Holzschuhe, Perlen, Perlmuttknöpfe, Besenstiele, Wäscheklammern, Bürstenhölzer, Pinselstiele und Drechslerwaren sind in der Oberpfalz beheimatet und bilden im Erwerbsleben der Bevölkerung einen wichtigen Faktor.

Ein äußerst wichtiger Industriezweig, der mit dazu beiträgt, die Waldbestände länger am Leben zu erhalten, ist die *Imprägnierung* von Eisenbahnschwellen, Telegrafenstangen und Schiffsmasten, die die Lebensdauer des Nutzholzes durch das Abgehaltenwerden von Fäulnis erregenden Pilzen verlängert. Die Oberpfalz beherbergt an der Wallhallastraße die bedeutendste Firma dieser Art in ganz Bayern. Im Verein mit einigen anderen Firmen in der westlichen Oberpfalz kann großen Anforderungen entsprochen werden.

Außer den Absatzgebieten in Deutschland hat dieser Industriezweig einen Export nach Frankreich, Holland, Spanien, Italien und Südamerika.

Die *Federhalter, Blei- und Farbstiftfabrikation* von Neumarkt ist durch ihre Qualitätsarbeit in aller Welt bekannt. Außerdem hat Regensburg eine bekannte Bleistiftindustrie. Zu den Abnehmern der oberpfälzischen Fabrikate sind fast alle Länder zu rechnen. Selbst der Export nach den Überseestaaten ist nicht unwesentlich. Jedoch war auch die Produktion in den letzten Jahren nicht der Leistungsfähigkeit der Betriebe anzupassen.

6. Papier- und Vervielfältigungsgewerbe

Im Anschluss an das oben Behandelte, ist es naheliegend, zunächst das Augenmerk auf das Gewerbe zu richten, zu dem das Holzgewerbe die Grundlage bildet, auf das *Papier- und Vervielfältigungsgewerbe,* von dem die Oberpfalz einige Werke von hohem Ansehen besitzt. Begünstigt wird dieses Gewerbe in der Oberpfalz durch die zahlreichen Kaolinvorkommen, denn die feinen Porzellanteilchen dringen in die Cellulosefasern ein, erhöhen damit das Gewicht und erleichtern das Glätten.

Um gleich das Handwerk vorneweg zu nehmen, sei bemerkt, dass dieses in seiner Gesamtheit weit hinter den übrigen Gewerbearten zurückbleibt. 1925 wurden 173 handwerksmäßige Betriebe gezählt, die etwa 450 Personen beschäftigen. Allerdings ist dabei zu berücksichtigen, dass sich dieser Handwerkszweig aus nur drei Arten von Gewerbebetrieben zusammensetzt, aus

Buchbindern	mit	57 Betrieben
Buchdruckern	mit	63 Betrieben
Fotografen	mit	53 Betrieben

dass also das eigentliche Papiergewerbe für das Handwerk fast nicht in Frage kommt. Für dieses Gewerbe sind natürlich die Städte ausschlaggebend, doch ist es sonst gleichmäßig schwach über die Bezirke verteilt, wie folgende Aufstellung zeigt:

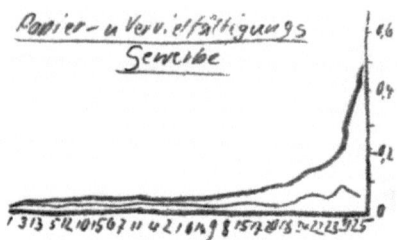

Im gesamten Papier- und Vervielfältigungsgewerbe sind 215 Betriebe mit 2.238 Beschäftigten. Kleinbetriebe wurden 155, Mittelbetriebe 52 und Großbetriebe 8 gezählt, welch letztere auch die Hauptanzahl von Arbeitern beschäftigen (1.209).

Das Zentrum der *Papierindustrie* ist wiederum Regensburg und Umgebung. Die Fabrikate wie Schreib- und Druckpapier, ferner Pergament, haben Absatz im In- und Auslande gefunden. Für die Hartpapierindustrie kommt vor allem Neumarkt in Betracht, das lackierte Hartpapierwaren für Haus- und Wirtschaftsgeräte herstellt. Ferner Dietfurt und Riedenburg. Das Absatzgebiet ist Württemberg. Dietfurt arbeitet hauptsächlich für den Export. Mit Herstellung von Pappen aller Art, wie Holz- und Lederpappen, befassen sich einige kleinere Orte, vor allem Brand, Eichhofen, Klardorf, Beilngries und Windischeschenbach, Regensburg und Brand verfertigen auch Kartonagen.

Die *Zellstoffindustrie* ist in der Oberpfalz und zwar in Regensburg mit einem Betriebe vertreten. Das Werk hat größeren Umfang und stellt Natronzellulose und andere aus Abfallwerten entstehende Produkte her.

Leider musste der Betrieb in letzter Zeit stillgelegt werden. Die Wiederaufnahme des Betriebes hängt noch von der eingeleiteten Sanierung und der noch durchzuführenden Rekonstruktion ab, wie eine Notiz des Fränkischen Kuriers besagt.

Die Lage der Papierindustrie ist zur Zeit eine äußerst schwierige obgleich sie in den letzten Jahren nach dem Kriege einen bedeutenden Aufschwung genommen hatte. Vor allem ist sie auf dem Weltmarkt nicht konkurrenzfähig, denn die Produktionskosten stellen sich viel zu hoch. Sie leidet daher an Überproduktion. Etwas besser stellt sich die Holz- und Lederpappenindustrie, die infolge von Aufträgen einigermaßen gut beschäftigt ist.

7. Nahrungs- und Genussmittelgewerbe

Das Gewerbe der *Nahrungs- und Genussmittel* der Oberpfalz ist sehr stark entwickelt. Es umfasst 3.758 Betriebe mit 9.349 beschäftigten Personen. Das Schwergewicht liegt allerdings auf den Klein- und den zahlreichen Handwerksbetrieben. Die Zahl der Betriebe, die auf Klein- bzw. Mittel- und Großbetriebe entfallen und die darin beschäftigten Personen zeigt folgende Zusammenstellung:

Betriebe		beschäftigte Personen
Alleinbetriebe	184	184
Betriebe mit 0 Arbeitskräften	690	---
mit 1-5	2.636	5.996
Kleinbetriebe	3.510	6.180
mit 6-10	189	1.349
mit 11-50	54	1.047
Mittelbetriebe	243	2.396
mit 51-200	3	303
mit 201-300	2	470
Großbetriebe	5	773

Auf das Handwerk entfallen 3.318 Betriebe, die sich wie folgt zusammenstellen:

Müller	865 Betriebe
Bäcker	815 Betriebe
Konditoreien, Lebküchner, Wachszieher	158 Betriebe
Metzger	1.248 Betriebe
Brauer, Brenner	221 Betriebe
Zigarrenherstellung	1 Betrieb

Diese Betriebe weisen eine sehr hohe Zahl von Beschäftigten auf. Besonders hervorzuheben aber wäre das Gewerbe der Bäcker und Konditoren, bei denen dies in verstärktem Maße der Fall ist, die also sehr viele Hilfskräfte benötigen.

Eine Eigenart bilden die Brauer. In zahlreichen kleineren Orten findet man Brauereien als Nebenbetriebe. Der in der Landwirtschaft beschäftigte Bauer hat vielerorts in seinem Anwesen eine Brauerei eingerichtet, die mit geringem Personal den Bedarf der Gemeinde zu decken vermag. Diese Hausbrauereien werden jedoch allmählich durch die großen Brauereien der Städte, namentlich in deren näherer Umgebung, verdrängt.

Die Müller, zu denen Mühlbauern und Sägemüller zu rechnen sind, nützen die unzähligen kleinen Wasserkräfte aus. Da von den zahlreichen Gewässern fast jeder Bach diesem Gewerbe dient, konnte sich dieses gut entwickeln und es entstand im Laufe der Zeit diese verhältnismäßig hohe Anzahl von Betrieben. Die Ausbreitung über die einzelnen Bezirke, die Verteilung über Stadt und Land dieses Gewerbezweiges zeigt uns die bekannte grafische Darstellung:

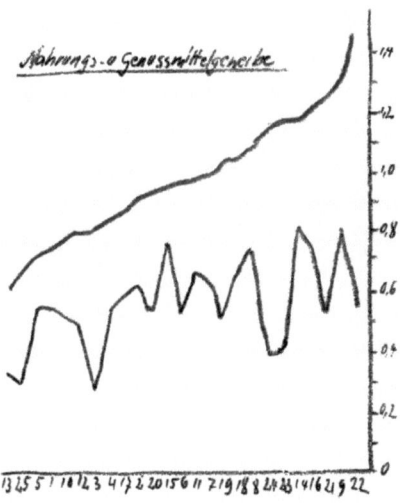

Diese Linienführung wird stark durch die Bäcker und Metzger beeinflusst, die hauptsächlich städtische Gewerbe sind, das sich vor allem in der Zahl der beschäftigten Personen ausdrückt. Denn in den Betrieben der Städte ist viel mehr Hilfspersonal beschäftigt als dies in denjenigen des flachen Landes der Fall ist. Die Stärke dieser beiden Gewerbe lässt es für notwendig erscheinen, ihren Standort und ihre Personenzahl aus der Gesamtdarstellung des Gewerbes der Nahrungs- und Genussmittel auszusondern und sie in einer besonderen grafischen Darstellung darzulegen.

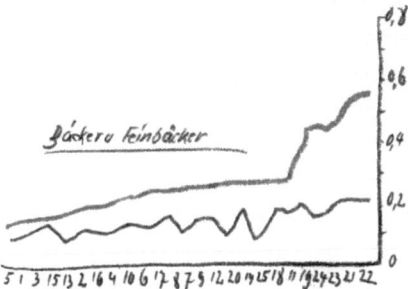

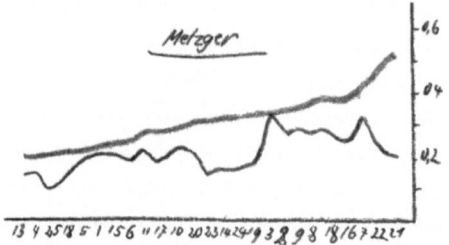

Aus beiden Darstellungen ist das oben Gesagte klar ersichtlich. Wie das Handwerk, so hat auch die Industrie der Oberpfalz zu einem großen Teil nur Bedeutung für den Kreis selbst. Jedoch finden sich auch - wie wir später sehen werden - einzelne Industriezweige, die weit über Bayerns Grenzen hinaus bekannt sind und guten Absatz haben.

Bedingt durch gute Bewässerungsverhältnisse hat sich in der Oberpfalz eine äußerst weit verzweigte *Mühlenindustrie* entwickelt, deren Betriebe an jedem Fluss und Flüsschen zu finden sind. Von den Getreide- und Kunstmühlen, wie sie auch genannt werden, findet man mehr als 550 in der Oberpfalz verstreut, die zum größten Teil Kleinbetriebe sind. Die Mühlenindustrie von Neumarkt, Pfraundorf im Altmühltal und diejenige von Eichhofen verdienen hervorgehoben zu werden da sie hier größeren Umfang angenommen hat. Der Absatz beschränkt sich auf Bayern. Die bessere Entwicklung dieser Großmühlenindustrie beruht neben dem Vorhandensein der konstanten Wasserkräfte auf der Nähe und der günstigen Verkehrsmöglichkeit mit den Getreidegegenden der unteren Donau.

Der südliche Teil der Oberpfalz ist der Sitz der *Spiritus- und Likörindustrie*. Vor allem ist es Regensburg, dessen Spiritus, Branntweine und Liköre sowie dessen Punsch-Essenzen einen Absatz über ganz Deutschland gefunden haben. Aber auch die Spiritusbrennereien von Beilngries, Eichhofen sind in Bayern gut bekannt.

Ein weiterer äußerst wichtiger Industriezweig ist die *Alkohol- und Essigindustrie,* die für den Lebensmittelmarkt Bayerns als Konservierungsmittel für Früchte aller Art Bedeutung erlangt hat. Sie ist mit einem Großbetrieb und zwei Mittelbetrieben in der Oberpfalz vertreten und hat ihren Sitz in Cham und in Regensburg.

Ein in aller Welt bekannter Industrieartikel ist der schon seit Jahrhunderten im Karmeliterkloster hergestellte *Karmelitengeist,* der guten Absatz nicht nur in Deutschland, sondern auch in vielen anderen Ländern gefunden hat.

Auf einen weiteren Industriezweig möge besonders hingewiesen sein. Die Verwertung der heimischen Waldpflanze, dem Heidelbeerstrauch zu *Heidelbeerweinen,* wurde in der Oberpfalz selbst erfunden. Regenstauf besitzt eine Heidelbeerweinkelterei, deren Produkte in ganz Bayern verwendet werden.

Das *Brauereiwesen* ist über den ganzen Bezirk ausgebreitet. Zum großen Teil aber setzt es sich aus Klein- und Mittelbetrieben zusammen auch Landbrauereien fehlen nicht. Zu diesen gesellen sich als für die Oberpfalz typisch, die Kommunbrauereien, die an vielen Orten zu finden sind. Brauereien größeren Formats finden sich namentlich in Regensburg und Amberg. Die Brauereien von Beilgries und Weiden verdienen ebenfalls erwähnt zu werden. Der Mangel an größeren Städten macht sich im Braugewerbe besonders schmerzlich fühlbar. Aus diesem Grunde besteht keine Möglichkeit, der Produktion einen größeren Absatzkreis zu verschaffen, weshalb das oberpfälzische Braugewerbe nur lokale Bedeutung erringen konnte. Selbst die größten Brauereien der Städte sehen ihren Aktionsradius auf die Umgebung beschränkt und leiden daher an Absatzmöglichkeiten. Die Zusammenfassungsbestrebungen, wie in Regensburg, brachten zwar einzelnen Brauereien einen größeren Umsatz, doch konnten sie das Absatzgebiet nicht wesentlich erweitern. Die Ausbreitung der Erzeugnisse über das ganze Land wird durch den Umstand wesentlich beeinträchtigt, dass fast in jedem kleineren Ort sich eine

Braustätte befindet. Bedenkt man, dass sich in manchen Bezirken, so z. B. im Bezirk Tirschenreuth, bis zu 20 Brauereien befinden, so wird es einleuchten, dass hier die Großbetriebe einen schweren Stand haben, dass vor allem nur die Städte für ihre Erzeugnisse in Frage kommen. Die Bearbeitung der Rohstoffe wird zum Teil von den großen Brauereien selbst vorgenommen, zum Teil versorgen Mälzereien die kleineren Brauereien mit diesem erforderlichen Artikel der Bierbereitung.

Die *Tabakindustrie* hat sich mit einigen Werken, so in Regensburg und Sinzing einen guten Ruf erworben. Zur Herstellung gelangt neben geringen Mengen von Kautabak auch Schnupftabak, der unter dem Namen „Schmalzler" sich in ganz Deutschland Eingang verschafft hat. Infolge dieses großen Absatzkreises, zählt die oberpfälzische Schnupftabakindustrie zu den wenigen, deren Beschäftigungsgrad heute noch mit unverändert gut bezeichnet werden muss.

Ein erhebliches Plus, vor allem zu Gunsten des Regensburger Arbeitsmarktes, stellt die *Zuckerindustrie* dar. Veranlassung zur Entstehung und Entwicklung dieses Industriezweiges gab die Fruchtbarkeit des südlichen Donaugebietes. Zur Herstellung gelangen in der Hauptsache Weiß- und Rübenzucker. Absatzgebiet ist jetzt nur mehr Bayern. Die Exportverhältnisse haben sich in den letzten Jahren leider sehr verschlechtert. Von den einstigen Abnehmern, Österreich und der Schweiz, ist Österreich selbst zur Zuckererzeugung übergegangen und versorgt jetzt zum großen Teil die Schweiz mit ihren Produkten, so dass die oberpfälzische Zuckerindustrie nur noch auf das Inland angewiesen ist. Die Bedeutung der Zuckerwarenindustrie tritt dagegen weit zurück. Die Zuckerwarenfabrikation von Regensburg und Weiden ist unbedeutend.

Das außerordentlich reiche Vorkommen an Waldbeeren hat in der Oberpfalz eine *Konservenindustrie* ins Leben gerufen, die in Bayern im Bezug auf die Anzahl der Betriebe an zweiter Stelle steht. In acht Betrieben werden 120 Arbeiter beschäftigt. Allerdings ist der Beschäftigungsgrad großen Schwankungen unterworfen, da dieser Industriezweig eine reine Saisonindustrie ist. Sie ist in der Amberger, Nabburger, Schwandorfer und Grafenwöhrer Gegend gut ausgeprägt und stellt hier besonders Beeren- und Pilzkonserven her. Vor allem aber ist es Schwandorf, das wegen der Nähe des Bayerischen Waldes einen sehr günstigen Platz hat. Tausende von Zentnern Waldbeeren und Pilze werden hier eingekocht und konserviert, um als Nahrungsmittel die Reise nach allen Gegenden Deutschlands, insbesondere nach Norddeutschland anzutreten. Jedoch sind auch andere Konservenarten, wie Fleisch-, Gemüse-, Obstkonserven gut vertreten.

Unter den sonstigen Zweigen des Nahrungs- und Genussmittelgewerbes finden wir noch die *Lebkuchenfabrikation* mit Sitz in Neumarkt, deren Erzeugnisse weit und breit bekannt sind und deren Absatz sich auf das Ausland erstreckt. Dagegen hat die Brot- und Teigwarenfabrikation nur lokale Bedeutung. Bekannt sind weiterhin die Fleisch- und Wurstwaren, unter denen sich die „Regensburger Knackwürste" großer Beleibtheit erfreuen und selbst außerhalb Bayerns guten Ruf genießen. Aber auch die Erzeugnisse der nördlichen Oberpfalz, so die von Tirschenreuth, Grafenwöhr und Grassersdorf konnten sich einen Namen machen. Endlich finden wir auch die Senf-Sauerkraut-Margarinefabrikation und die Pflaumenverarbeitung mit einigen Werken in Regensburg vertreten.

8. Textil- und Bekleidungsgewerbe
a) Das Textilgewerbe

Das *Textilgewerbe* zählt mit zu den ältesten Gewerben der Oberpfalz. Es kann bereits auf eine mehrhundertjährige Vergangenheit zurückblicken. Dies gilt vor allem von dem Tirschenreuther Textilgewerbe, dessen Erzeugnisse - meist hausindustrielle Produkte - einst nicht nur allein in Bayern, sondern in ganz Deutschland und auch im Auslande außerordentlich begehrt waren. Ein neues Zeitalter, das Zeitalter der Maschinisierung, ließ diesem Gewerbe in Norddeutschland gefährliche Konkurrenten entstehen, die sich so sehr bemerkbar machten, dass heute nur noch einige Großbetriebe bestehen. Das oberpfälzische Textilgewerbe spielt jetzt in Bayern, im Verhältnis zu den anderen Kreisen keine große Rolle mehr und hat keine besondere Bedeutung. Nach der Betriebszählung von 1925 bestehen 379 Betriebe mit 922 Beschäftigten, die sich verteilen auf

Betriebe		beschäftigte Personen
Alleinbetriebe	195	195
Betriebe mit 0 Arbeitskräften	68	---
mit 1-5	102	223
mit 6-10	6	49
mit 11-50	4	99
mit 51-200	4	356

Auf das Handwerk entfallen hiervon 116 Betriebe, die sich auf Webereien mit 43 Betrieben, Stickereien mit 11 Betrieben und Seilereien mit 62 Betrieben verteilen. Da die Webereien zum größten Teil als hausindustrielle Tätigkeiten aufgeführt werden, so ist das Textilgewerbe beim Handwerk eigentlich nur das Gewerbe der Seiler, zu denen sich die wenigen Betriebe der Stickerinnen gesellen, die vorwiegend in den Städten sich niedergelassen haben. Dagegen neigen die Seiler im Bezug auf ihren Standort mehr den Landbezirken zu, die für ihre Produkte ein besseres Absatzgebiet bilden. Die Zahl der beschäftigten Personen deckt sich beinahe mit der Zahl der Betriebe. Aus dem gesamten Handwerk des Textilgewerbes befriedigen etwa 150 Personen ihre Lebensbedürfnisse. Zu diesem geringen Beschäftigungsgrad trägt nicht unwesentlich das Webereigewerbe bei, das seinem hausindustriellen Charakter zu Folge, fast ohne Hilfskräfte arbeitet und im Bayerisch-Böhmischen Walde beheimatet ist. Die eben dargelegte Verteilung gibt auch unsere grafische Darstellung wieder.

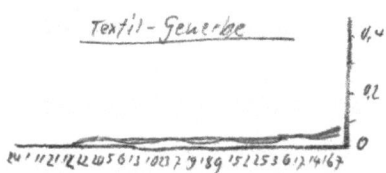

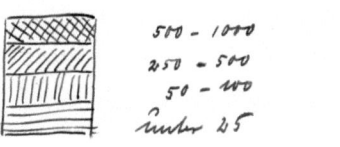

Auch der Industrie kommt nicht die Bedeutung zu, die ihr auf Grund ihres Alters und ihrer Entwicklung zukommen sollte. In der ganzen Oberpfalz befinden sich nur an zwei Orten, in Waldmünchen und Tirschenreuth, *Tuchfabriken* größeren Umfangs, die aber einen guten Absatz, vor allem in Süddeutschland aufzuweisen haben. Besondere Erwähnung verdient die Herstellung von Uniformtuchen, die bei den zuständigen Stellen sehr hoch eingeschätzt werden und deshalb auch sehr begehrt sind. Heute jedoch ist die Erzeugung von Klostertuchen vorherrschend.

In der nördlichen Oberpfalz, am Rande des Fichtelgebirges hat sich das Gewerbe der *Buntwebereien* ansässig gemacht. Außerdem befinden sich in Regensburg einige *Drahtseilereien*. Dieses Gewerbe ist in kleinerem Maße auch in Riedenburg, Beilngries und Sulzbach anzutreffen, das aber hier zum größten Teil der Bedürfnisbefriedigung der heimischen Bevölkerung dient. Leider hat sich die Lage dieser 3 Gewerbearten, die nie auf Rosen gebettet war, in letzter Zeit wiederum außerordentlich verschlechtert, der Beschäftigungsgrad ist nach wie vor schlecht.

Umso erfreulicher ist es, dass die *Schlauchfabrikation* ihre günstige Beschäftigungsmöglichkeit bis heute beibehalten konnte. Es ist dies auf den Umstand zurückzuführen, dass die oberpfälzische Schlauchweberei, die allerdings nur mit einem Betriebe in Regensburg vertreten ist, auf dem bayerischen Markte ausschlaggebend ist und als die bedeutendste Industrie dieser Branche in Bayern gilt.

Ein Gewerbezweig der - obgleich in der Hauptsache zur Hausindustrie gehörig - verdient an dieser Stelle, wegen seiner Bedeutung für das Erwerbsleben der Grenzbewohner, kurz gestreift zu werden. Die *Spitzenklöppeleien* des Böhmerwaldes haben sich in vielen Gauen Deutschlands einen guten Ruf verschafft. Dieses Gewerbe wird heute durch besondere Klöppelschulen gefördert.

Bedeutung hat ferner die Herstellung von *künstlichen Blumen und Trauerwaren* mit Sitz in Regensburg. Die Erzeugnisse haben guten Ruf und haben sich nicht nur im Inland, sondern auch in verschiedenen deutschen Staaten und überseeischen Ländern Eingang verschafft.

b) Das Bekleidungsgewerbe

Auch das *Bekleidungsgewerbe* wird durch das Vorherrschen der Kleinbetriebe und vor allem des Handwerks charakterisiert. Diesen gegenüber treten die übrigen Betriebsgrößen vollkommen zurück. Gehören doch schon von den 4.422 Betrieben mit 7.582 Beschäftigten 3.511 Betriebe zum Handwerk.

Im Übrigen ist die Aufteilung nach Betriebsgrößen folgende:

Betriebe		beschäftigte Personen
Alleinbetriebe	2.260	2.260
Betriebe mit 0 Arbeitskräften	441	---
mit 1-5	1.611	4.010
mit 6-10	81	586
mit 11-50	26	540
mit 51-200	3	186

Die überragende Stellung des Handwerks beim Bekleidungsgewerbe liegt zum Teil schon in der Natur der Gewerbearten. Denn diejenigen Handwerksbetriebe, die das Übergewicht veranlassen, so die Schuster und die Schneider, sind auch in den anderen Kreisen Bayerns zahlreich vertreten, da die Art der Beschäftigung den Industriebetrieben weniger zugänglich ist. Es ist dies auch aus der Aufteilung der Gewerbearten des Handwerks klar ersichtlich. Es setzt sich nämlich das handwerksmäßige Bekleidungsgewerbe zusammen aus

Herrenschneidern	1.035 Betriebe
Damenschneidern u. Schneiderinnen	802 Betriebe
Kürschnern	10 Betriebe
Hutmachern	17 Betriebe
Putzmacherinnen	88 Betriebe
Korsettmacherinnen	2 Betriebe

Bandagisten	2 Betriebe
Handschuhmachern	1 Betrieb
Schuhmachern	1.523 Betriebe
Färbern	31 Betriebe

Dass sich die größeren Gruppen, der höheren Beschäftigungsmöglichkeit wegen, hauptsächlich in den Städten und dichter besiedelten Bezirken niedergelassen haben, liegt auf der Hand, wie dies auch die grafischen Darstellungen zeigen. Bei den Schustern und Schneidern finden wir die Betriebe auch über die übrigen Bezirke gut verteilt.

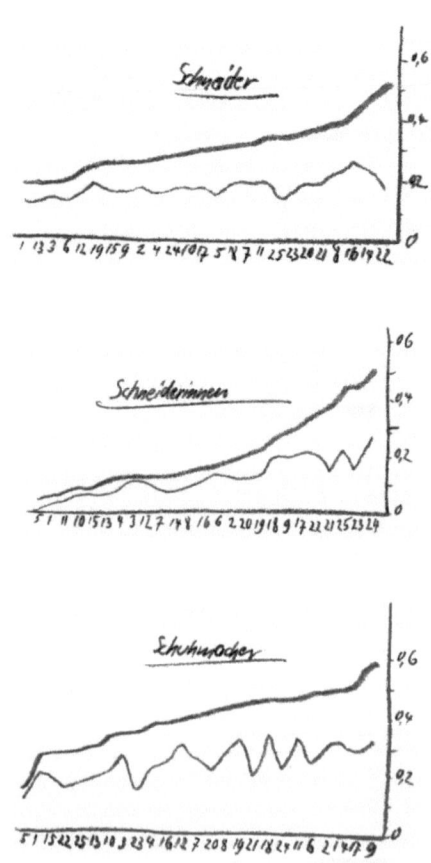

Die übrigen Gewerbegruppen treten hinter diesen stark ausgeprägten vollkommen zurück und es kann ihnen auch keine weitere Bedeutung beigemessen werden.

Die Industrie selbst ist in der Oberpfalz, wie schon gesagt, schwach vertreten. Von Bedeutung ist die *Hutfabrikation* von Amberg, die auf dem süddeutschen Markt gute Absatzgebiete gefunden hat. Kleiderfabriken befinden sich in Regensburg und die Fabrikation von Hosenträgern und Gürteln hat ihren Sitz in Furth im Wald.

9. Das chemische Gewerbe

Das *chemische Gewerbe* ist in der Oberpfalz sehr schwach vertreten. Nur eine geringe Anzahl von Betrieben dieses Gewerbezweiges vermochte größere Bedeutung zu erlangen. In 54 Betrieben waren im Betriebszählungsjahr 1925, 654 Arbeiter beschäftigt, wovon sechs Betriebe zum Handwerk gerechnet werden können, die sich ausschließlich mit Seifensiederei beschäftigen und keine Rolle spielen.

Betriebe		beschäftigte Personen
Alleinbetriebe	8	8
Betriebe mit 0 Arbeitskräften	6	---
mit 1-5	20	58
mit 6-10	8	65
mit 11-50	8	135
mit 51-200	4	388

Wie anliegende Karte (S. 70) zeigt, hat das chemische Gewerbe seinen Standort hauptsächlich in Neumarkt und Regensburg. Das in den anderen Bezirken sich befindende Gewerbe, spielt eine ganz untergeordnete Rolle.

Standort des chemischen Gewerbes

Auf 1 Sq. treffen Beschäftigte

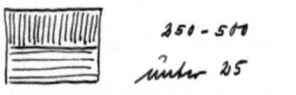
250 – 500
unter 25

Beim Eingehen auf die einzelnen Gewerbearten sollen nun zunächst die Industriezweige gewürdigt werden, die es vermocht haben über die lokale Bedeutung hinaus auch auf dem süddeutschen Markt Beachtung zu finden. So wäre zunächst die *Sprengstoffindustrie* zu nennen, die in Neumarkt mit einem Betriebe von größten Ausmaßen vertreten ist. Die Produkte, die für die Steinbrüche, für Land- und Forstwirtschaft, ferner für die bayerischen Bergwerke in Frage kommen, haben in Süddeutschland guten Absatz gefunden. Leider ist der Beschäftigungsgrad in den letzten

Jahren auf etwa die Hälfte zurückgegangen, was wohl auf die Verschlechterung der gesamten Wirtschaftslage zurückzuführen ist.

Ein weiterhin äußerst wichtiger Industriezweig ist die *Mineralöl- und Benzinindustrie*, die durch das Umsichgreifen der Benzinmotoren besonders erfolgversprechend zu werden beginnt. Im Regensburger Petroleumhafen hat sich dieser Zweig mit Betrieben ersten Ranges niedergelassen. Begünstigt wird er hier durch die billigeren Frachtkosten auf dem Wasserwege, denn die Rohöle und Rohbenzine werden ausschließlich aus Rumänien bezogen, die dann in den großen Regensburger Betrieben verarbeitet werden. Die Benzinraffinerie versorgt Bayern, Württemberg, Baden und auch die Schweiz mit ihren Produkten. Die Erzeugnisse der Mineralölwerke, Benzin, Leuchtöl, Trieböl - bekannt ist besonders das Regensburger „Eisenbahn-Achsenöl" - haben gleichfalls Süddeutschland als Absatzgebiet. Sie zählen zu den bedeutendsten Mineralölwerken Bayerns.

Hinter diesen Riesenunternehmungen bleiben natürlich die übrigen Zweige des chemischen Gewerbes weit zurück. Immerhin kommt aber der *Teerproduktion und Teerdestillation* von Regensburg, Regenstauf und Weiden einige Bedeutung zu, zumal ja bei der Teerdestillation Leicht- und Schmieröle gewonnen werden, die im Zeitalter der Maschinen gut Verwendung finden. Erwähnung verdient fernerhin die Herstellung von *Dachpappen und Isolierplatten*, die sich aber nur auf Regenstauf beschränkt, und weiterhin die *Pechfabrikation* von Furth im Wald.
In Regenstauf befindet sich ferner ein Betrieb, der sich mit der Herstellung *konzentrierter Tinten* befasst und guten Absatz aufzuweisen hat.

Das Gewerbe der *Farben, Lacke und Firnisse* ist in Schwandorf, Sinzing und Furthhammer anzutreffen. Trotzdem die Herstellung nur in Kleinbetrieben erfolgt, hat sie doch einen ganz ansehnlichen Umfang angenommen, so dass sie in Bayern maßgebend geworden ist. Diese Stellung ist nicht zuletzt auf die zahlreichen Bodenschätze, wie Schwerspat, Farberde usw. zurückzuführen die an vielen Orten in der Oberpfalz zu finden sind. Das Absatzgebiet ist hauptsächlich das Inland, doch ist auch das Ausland Abnehmer der oberpfälzischen Produkte. Leider verliert dieses Gewerbe mehr und mehr an Bedeutung, da ihm im In- und Auslande eine große Konkurrenz erstanden ist. Dem Ausland gegenüber stellen sich die Produktionskosten schon deshalb viel zu hoch, weil dieser Industriezweig, wie auch alle übrigen, noch mit einer 26%igen Reparationsabgabe belastet werden muss.

Als zum chemischen Gewerbe gehörig finden wir noch die *Seifenindustrie* und die der *chemisch-pharmazeutischen Präparate* in Regensburg vertreten.

10. Das Ledergewerbe

Das *Ledergewerbe* umfasst 303 Betriebe mit 603 beschäftigten Personen und verteilt sich auf

Betriebe		beschäftigte Personen
Alleinbetriebe	108	108
Betriebe mit 0 Arbeitskräften	38	---
mit 1-5	146	350
mit 6-10	7	47
mit 11-50	4	98

Der größte Teil dieser Betriebe entfällt auf das Handwerk. Die Statistik gibt die Zahl der Handwerksbetriebe mit 311 an. Die Uneinstimmigkeit mit dem Gesamtgewerbe mag wohl darin liegen, dass es äußerst schwierig ist, die Gesamthandwerksbetriebe zu erfassen. Da die beiden Zählungen höchstwahrscheinlich unabhängig voneinander stattgefunden haben, ist es ja leicht möglich, dass sich eine Differenz zwischen beiden ergeben kann.

Die Zusammensetzung des Handwerks in der Lederbearbeitung ist in der Statistik von 1925 folgendermaßen angegeben, wobei auf Gerber 30 Betriebe und auf Sattler, Polsterer und Tapezierer 281 Betriebe entfallen.
Zu dem Resultat von 311 Betrieben kommt man auch, wenn man der Berechnung die grafische Darstellung des Herrn Prof. Dr. Dr. Georg Ritter von Ebert zugrunde legt.

Wie aus dieser Darstellung ersichtlich ist, ist das Gewerbe, bei dem die Sattler, Polsterer und Tapezierer den Ausschlag geben, ziemlich gleichmäßig über Stadt und Land verteilt - wobei allerdings in den Städten ein geringes Anwachsen des Gewerbes zu beobachten ist. Das Gewerbe vermag etwa 500 Personen Beschäftigung zu geben, bleibt also in der Bedeutung hinter den übrigen Handwerkszweigen zurück.

Die Industrie beschränkt sich auf einige Betriebe, die aber ganz ansehnlichen Umfang angenommen haben. So hat die *Kalblederfabrikation* von Furth im Wald einen guten Absatz für den hauptsächlich bayerische und schweizerische Schuhfabriken in Frage kommen. Weitere Betriebe des Ledergewerbes finden sich in Erbendorf und Regensburg.
Die Schuhfabrikation von Weiden, die eigentlich in das Gebiet des Bekleidungsgewerbes gehört, hat nur lokale Bedeutung.

11. Elektrotechnik, Feinmechanik, Optik

Dieser Gewerbezweig ist nur in kleinerem Umfange vorhanden. Es bestehen 290 Betriebe, die 1.433 Arbeiter beschäftigen. Davon sind Kleinbetriebe 241, Mittelbetriebe 46 und Großbetriebe 3. Die entsprechende Zahl der Beschäftigten ist 404, 654 und 375. Auf das Handwerk entfallen hiervon 207 Betriebe, die sich zusammensetzen aus

Elektroinstallateuren	68 Betriebe
Uhrmachern	130 Betriebe
Optikern	7 Betriebe
Tierausstopfern	2 Betriebe

Wie die grafische Darstellung zeigt, ist dieses Gewerbe auf dem Land sehr schwach besetzt. Dagegen hat es sich in den Städten gut eingebürgert und es kann daher vorwiegend als städtisches Gewerbe bezeichnet werden. Auffallend ist das Ansteigen des Beschäftigungsgrades in den städtischen Betrieben. In der Tat werden auch besonders beim elektrotechnischen Gewerbe der Städte zahlreiche Hilfskräfte benötigt.

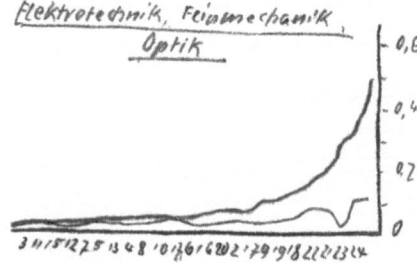

Für den Export bedeutungsvoll ist die Neumarkter elektrotechnische Industrie geworden, die sich hauptsächlich mit der Herstellung von Sicherungsmaterialen beschäftigt. Auf einige dieser Artikel hat sie Patentrechte und hat sich so im In- und Auslande einen guten Absatz gesichert. Ein weiterer, allerdings noch sehr junger Industriezweig des elektrotechnischen Gewerbes ist die Herstellung der Bedarfsartikel für *Radiogeräte*, der in der Oberpfalz und zwar in Kemnath mit einem Betriebe vorhanden ist.

12. Sonstiges Gewerbe

Um unsere Betrachtungen zu vervollständigen, soll auch derjenigen Gewerbezweige gedacht werden die - wenn auch nur äußerst schwach besetzt und teilweise selbst auf Handwerksbetriebe sich beschränken - noch verdienen, in unseren Ausführungen erwähnt zu werden.

An erster Stelle muss hier das *Musik- und Spielwarengewerbe* genannt werden. Sind es doch immerhin 18 Betriebe, die 66 Arbeitern Beschäftigung zu geben vermögen, unter denen sich auch zwei mittlere Betriebe befinden. Das Handwerk ist mit zehn Betrieben - Instrumentenmacher mit neun und Orgelbauer mit einem Betrieb - an diesem Gewerbezweig beteiligt. Besondere Hervorhebung verdient der Orgelbau zu Regensburg.

Das *Gesundheitswesen* ist natürlich nur handwerksmäßig betrieben und umfasst 404 Friseurbetriebe, die über den ganzen Kreis verteilt sind, mit mehr Konzentrationstendenz auf die Städte.

Auch das *Kautschuk- und Asbestgewerbe* finden wir mit drei Betrieben und fünf Arbeitern vertreten. Ein Betrieb, das Gewerbe der Stempelmacher, zählt zu diesem Handwerk.

Nun zum Schlusse noch ein Gewerbezweig, der dazu beigetragen hat, das Zeichen des oberpfälzischen Gewerbefleißes in alle Welt hinauszutragen. Das *Rosenkranzgewerbe* von Schwandorf, obwohl vornehmlich als Hausgewerbe betrieben, muss es hier doch mit aufgeführt werden, denn die oberpfälzischen Rosenkränze haben in fast allen Ländern Abnehmer gefunden.

C. Schlussbetrachtungen

So wären wir nun am Schlusse unserer Betrachtungen über das Gewerbe der Oberpfalz angelangt. Es erscheint nun angebracht, einige abschließende Bemerkungen über das Gesamtgewerbe zu machen, die Bedeutung desselben für das gesamte Deutsche Reich nochmals hervorzuheben, um überleiten zu können auf die Bedeutung der Oberpfalz als Ostmark.

Wie wir gesehen haben beruht das Entstehen und der Aufschwung des oberpfälzischen Gewerbes zum größten Teil auf den zahlreichen Bodenschätzen. In größtem Maße werden von der Nähe der Rohstoffe die Glas- und Porzellanindustrie und manch andere Gewerbe begünstigt. Von der allgemeinen Verschlechterung und Einengung der heutigen Gesamtwirtschaft konnte sich trotzdem auch das oberpfälzische Gewerbe nicht befreien. Von einigen Gewerbzweigen abgesehen, ist die derzeitige Lage des oberpfälzischen Gewerbes als schlecht zu bezeichnen. Die Berichte verzeichnen von einem Berichtsabschnitt zum anderen ein starkes Nachlassen des Beschäftigungsgrades.

Selbst die sonst übliche saisonmäßige Belebung vermochte nicht diesen ungünstigen Eindruck abzuschwächen. Trotz dieser misslichen Lage, in der das oberpfälzische Gewerbe momentan sich befindet, ist aber doch zu hoffen, dass dieses nach Beendigung der derzeitigen Wirtschaftskrisis, die bis jetzt gut entwickelte Industrie weiterhin hochzubringen, das Aufblühen derselben zu vervollständigen vermag. Denn die zahlreichen Bodenschätze, die zum Teil noch der Erschließung harren oder wenigstens viel besser genutzt werden können, lassen auf ein weiteres Emporblühen schließen, man möchte fast sagen, berechtigen gerade dazu, den wirtschaftlichen Aufschwung zu vervollständigen. Allerdings stehen dem noch einige Hemmungen und Hindernisse im Wege. So ist das oberpfälzische Verkehrswesen, die Grundlage für ein gesundes Gedeihen einer

Industrie, noch ziemlich unentwickelt. Vor allem fehlt es noch an Bahnlinien und auch an brauchbaren Straßen. Unter diesem Mangel hat besonders das Waldgebiet zu leiden. Gerade hier wäre es notwendig dem Gewerbe, der gesamten Wirtschaft, alle Wege zu ebnen, damit sie sich ungehindert entwickeln kann. Denn die einstigen Absatzgebiete, der nahe Osten, sind nach dem Kriege vollkommen verloren gegangen.

Dem Gewerbe ist seit dieser Zeit in jenen Gebieten ein äußerst gefährlicher Konkurrent entstanden, um so mehr, da der tschechische Staat alles daran setzt, an seinen Grenzen eine starke Wirtschaftsmacht zu schaffen, von der die oberpfälzischen Grenzgebiete und die Oberpfalz selbst sehr bedrängt werden. Hier mit aller Kraft sich einzusetzen, ist die Aufgabe der Landesregierung und auch des Deutschen Reiches. Wir haben ja gesehen, in welch großem Maße das oberpfälzische Gewerbe an der deutschen Wirtschaft beteiligt ist. Zahlreiche Industrieprodukte vermag das oberpfälzische Gewerbe an die übrigen deutschen Länder zu liefern.

Man erinnere sich nur an die Erzeugnisse der Porzellan-, Glas- und Eisenindustrie, die hohes Ansehen im ganzen Reich und einen guten Ruf zum Teil auf der ganzen Welt genießen, dann ist es klar erkenntlich, welch große Bedeutung das Gewerbe der Oberpfalz für die Wirtschaft des Deutschen Reiches besitzt. Die unzähligen Bodenschätze, deren Wert in zunehmendem Maße erkannt wird, machen die Oberpfalz, vor allem in Zukunft, der deutschen Wirtschaft geradezu unentbehrlich.

Dies ist auch von den deutschen Wirtschaftsführern erkannt worden, denn die Oberpfalz als bayerische Ostmark ist in letzter Zeit wiederholt in den Mittelpunkt des Interesses gerückt. Es sind Bestrebungen im Gange die Oberpfalz wirtschaftlich zu heben und zu stärken.

Vor allem ist es notwendig, den Absatzkreis der oberpfälzischen Produkte zu erweitern, um dem gut entwickelten Gewerbe weitere Aufstiegsmöglichkeiten zu bieten, um dadurch an der Ostgrenze Bayerns, gleich der Tschechoslowakei ein wirtschaftliches Bollwerk erstehen zu lassen, das in der Lage ist, den stärksten Konkurrenten mit Erfolg die Stirn zu bieten.

Diese Seite bleibt aus drucktechnischen Gründen frei

Diese Seite bleibt aus drucktechnischen Gründen frei